KB001542

홍익희의
신 유대인 이야기

이야기

홍익희의
신 新 유대인
이야기

: 자본주의 설계자이자 기술 문명의 개발자들

홍익희 지음

클라우드나인
CLOUD 9

왜 우리는 지금 유대인을 알아야 하는가

역사의 굽이에서 세계 경제는 유대인 덕분에 발전할 수 있었다. 중세에 환어음 등 신뢰를 기초로 하는 금융기법이 발전할 수 있었던 것은 이슬람 세계와 유럽 등 멀리 떨어진 유대인 디아스포라 간의 무역 덕분이었다. 근대 초 네덜란드에서 중상주의의 꽃을 피워 세계 곳곳에 무역 네트워크를 건설한 주역도 유대 무역상들이었다. 이렇게 세계적으로 투자가 뻗어나갈 수 있었던 힘은 유대 금융인들이 채권시장을 활성화해 연 15퍼센트의 시중 금리를 3퍼센트대로 끌어내렸기 때문에 가능했다.

양털 수출과 해적질에 의존하던 후진국 영국이 세계 무역과 금융의 중심지가 된 것은 순전히 네덜란드의 유대 무역인들과 금융인들이 각각 영란전쟁과 명예혁명 때 거의 통째로 이주해왔기 때문이었다. 이후 영국이 산업혁명을 세계로 전파할 수 있었던 것도 유대 금융인들의 자본력과 저리低利 대출 덕분이었다. 경제사를 들여다보면 금융산업을 포함한 서비스산업 대부분은 유대인이 창안하고 주도했다. 그 후 그들은 거의 모든 산업의 '유통'을 독점화했다.

우리의 일상도 그들로부터 자유롭지 못하다. 우리가 수입하는 석유, 곡물, 방산 등과 세계 서비스산업 대부분이 그들 손아귀에 있다. 세계를 움직이는 통화와 금융시스템의 중심에도 유대인이 있다. 세계 경제의 성장 동력이 '혁신에서 창의성으로', 가치의 원천이 '지식과 정보에서 상상력으로' 전환되는 중심에도 실리콘밸리의 유대인이 있다.

유대인의 단점 또한 극명하다. 미국의 금권정치, 금융 자본주의의 본질적 문제인 소득 불평등과 빈부 격차, 팔레스타인 문제의 중심에 유대인이 있다. 하지만 그들에게 배울 점이 있으면 배워야 한다는 게 나의 생각이다. 그들의 단점을 반면교사 삼아야 한다. 우리도 진정한 선진국으로 도약하려면 제조업을 뛰어넘어 유대인이 주도하는 금융산업 등 서비스산업에서 승부를 보아야 한다. 그들의 공동체 정신과 교육철학에 뛰어난 점이 있다면 살펴보아야 한다. 지피지기가 필요한 이유이다.

2022년 10월
홍익희

목차

현대 자본주의를 설계하다 · 15

2장

글로벌 금융산업을 탄생시키다 · 47

3장

글로벌 경제를 주름잡다 · 87

기술 문명의 발달을 이끌다 · 129

5장

창업 생태계를 만들어가다 · 167

인류 절멸의 위협에서 구해내다 · 201

7장

격변의 세계사 주역이 되다 · 241

8장

더 나은 세상을 만들어가다 · 287

1장

현대 자본주의를
설계하다

청어잡이에서 근대 자본주의가 태동하다

1492년 스페인에서 추방당한 37만 명*의 유대인 중 많은 사람이 종교의 자유가 있고 영국에서 추방당한 동족들이 사는 플랑드르 지방으로 몰려들었다. 지금의 벨기에 북부 지역이다. 유대인들은 부르게 항구에 정착해 보석 장사와 무역을 했다. 그들이 어느 정도 자리잡을 무렵 불운이 닥쳤다. 강의 수로가 침전물로 막히면서 부르게는 항구의 기능을 잃어버린 것이다.

유대인들은 좌절하지 않고 앤트워프 항구로 옮겨 짧은 시간 내 다시 부흥을 이루어냈다. 그러나 이번에는 용병들의 반란으로 1576년 6,000명의 시민이 살해당하는 참변이 일어났다. 유대인들은 암스테르담으로 피신해야만 했다. 이로써 그들은 플랑드르 시

---

* 학자에 따라 추방된 유대인 수는 13만 명에서 80만 명까지 다양하다. 추방 시 가까운 이웃 포르투갈과 북아프리카 마그레브 지역으로 이주했다가 5년 후 포르투갈에서도 추방되었을 뿐만 아니라 가톨릭으로 개종해 스페인 왕국에 남아 있었던 유대인들조차 가짜 개종 여부를 추궁하는 종교재판으로 인해 추후 탈출한 유대인들이 많았다.

16~18세기 유대인의 이동 경로

산업혁명의 기틀 마련

영국

네덜란드

독일

무역업·금융업 발전

북대서양

프랑스

유대인 이동
스페인(16세기 종교재판)

대를 마감하고 척박한 네덜란드 저지대의 환경에 맞서 다시 시작
할 수밖에 없었다. 유대인들은 호수와 바다를 메우는 간척 사업을
하는 한편 암스테르담을 무역항으로 개발했다.

막강한 한자동맹을 물리치고 상권을 장악하다

네덜란드 저지대는 바다보다 4미터 이상 낮은 소금기가 많은 늪지
로 농사짓기 어려워 먹을 것이 귀했다. 오죽하면 함께 모여 식사해
도 자신의 먹을거리를 스스로 책임지는 '더치 페이Dutch pay'가 발
달했겠는가. 그 무렵 네덜란드 사람들은 너도나도 청어잡이에 나
섰다. 네덜란드 인구 100만 명 중 30만 명이나 청어잡이에 종사했
다. 청어는 그야말로 네덜란드 전 국민의 밥줄이었다. 그들은 청어

네덜란드 선박들

기독교 왕국이 세워진 이베리아반도에서 추방당한 유대인 상당수가 플랑드르 지방을 거쳐 네덜란드 암스테르담에 정착했다. 그들은 스페인 북부 바스크의 천일염을 독점 수입하며 절임 청어 산업을 주도했고 청어잡이와 포경 산업 호황은 조선업 발달로 이어졌다. 네덜란드가 국제 해운 업계를 평정하며 물류 중심지가 되자 네덜란드 동인도회사가 세워졌으며 주식회사, 중앙은행, 증권거래소 등 자본주의의 싹이 트기 시작했다.
16~17세기 네덜란드 화가 헨드릭 코르넬리스 프룸Hendrik Cornelisz Vroom의 그림 「두 번째 동인도 탐사 뒤 암스테르담으로의 귀항」. 네덜란드 암스테르담 국립미술관 소장. (출처: 위키피디아)

를 소금에 절여 절임 청어를 만들어 팔았다. 소금은 절임 청어를 만드는 데 너무나 중요했다. 당시 소금은 북부 독일 한자동맹 무역망을 통해 암염을 공급받았다. 한자동맹Hanseatic League이란 중세 독일 북부와 발트해 연안 도시들에서 결성된 상업 동맹이다.

이런 환경에서 유대인들은 절임 청어에 쓰이는 소금에 주목했다. 그들은 암염 대신 자기들이 살았던 스페인 북부 바스크 지역의 값싸고 질 좋은 천일염을 수입하여 독일산 암염을 대체하기 시작했다. 유대인과의 소금 유통 경쟁에서 밀린 한자동맹의 주도권은 여기서 끝나고 역사 속으로 사라졌다. 그만큼 소금이 교역에서 차지하는 비중이 높았다. 이로써 유대인은 소금의 생산지, 유통지, 소비지 일체를 지배하는 독과점 체제를 이루어 소금 상권을 장악한 뒤 자연스레 절임 청어 산업도 주도했다.

그들은 청어를 처리하는 데도 '분업과 표준화'를 도입해 숙련공은 1시간에 2,000마리의 청어 내장을 발라낼 수 있었다. 절임 청어 생산량은 획기적으로 늘었고 유대인 상인들은 독보적인 경쟁력을 확보했다. 유대인들은 1년 이상 보관이 가능한 절임 청어를 해군과 상선들에 정기 공급하는 한편 전 유럽에 판매했다.

화물선을 효율적으로 만들어 세계 해운업계를 평정하다

청어잡이와 포경 산업이 호황을 누리다 보니 고기잡이배가 아주 많이 필요했다. 이는 자연스레 조선업 발전으로 이어져 네덜란드 선박 수는 2,000척이 넘었다. 대부분이 70~100톤의 청어잡이 어선이었고 일부가 대형 상선과 포경선이었다. 조선업이 발전하다 보니 고기잡이배뿐만 아니라 화물선 제작 능력이 좋아졌다. 암스테르담 앞 바덴 해는 세계 5대 갯벌의 하나이기 때문에 썰물 때 배가 쓰러지지 않도록 비교적 배 밑바닥이 평편한 평저선을 건조해야 했다. 배 밑바닥이 뾰족한 다른 나라들의 유선형 배와 달리 평저선은 용골 없이 땅 위에서 직접 만들 수 있어 제작비가 저렴하고 크게 제작할 수 있었다. 이러한 특성을 이용해 16세기 중반부터 네

그림 속 청어

17세기 네덜란드 화가 헤릿 다우Gerrit Dou의 그림 「한 노파와 청어를 가져온 소년」.
(출처: 위키피디아)

덜란드 선박은 '경량화'와 '표준화'에 승부를 걸었다. 그래야 배가
가벼워 빨리 달릴 수 있고 만들기 쉽기 때문이다. 이를 기초로 배
의 크기를 키워 화물 적재량을 극대화하는 방향으로 진화했다.

　그 무렵 발트해를 지나려면 통행세를 물어야 했는데 부과 기준

플류트선

1677년 네덜란드 플류트선 (출처: 위키피디아)

이 갑판의 넓이였다. 당시는 해적들의 출몰이 빈번하여 대부분 배는 양옆으로 대포를 많이 장착하고 다녔다. 그러면 단단하고 굵은 목재를 써서 갑판을 키울 수밖에 없었다. 그러나 유대인들은 아예 대포를 없애거나 최소한의 대포만 설치하여 무장을 최소화했다. 대신 가벼운 나무로 화물칸을 배불뚝이로 만들고 갑판은 좁게 만들어 제작비와 함께 통행세도 절감하는 방안을 채택했다. 그래서 네덜란드 선박은 양옆은 통통하고 둥글지만 갑판은 매우 좁았다. 대포를 장착하지 않은 배는 가벼워 해적선으로부터 빨리 도망칠 수 있는 이점도 있었다.

그 무렵 화물선 제작에 유대인의 지혜가 더해졌다. 2~3개의 대형 마스트에 큰 돛들을 달았다. 마스트 높이는 당시 선박 중 가장 높았는데 속도를 높이기 위해서였다. 따라서 바람의 방향이나 풍속이 바뀌면 재빨리 돛들의 방향과 높낮이를 조절해줄 선원이 많이 필요했다. 하지만 유대인들은 돛대에 최초로 '복합 도르래'를 설치하여 선원 수를 대폭 줄일 수 있었다. 영국의 동급 선박 승선 인원이 30명이라면 유대인들이 만든 배는 10명으로 운항할 수 있었다.

　이 배를 플류트Fluyt선이라 불렀다. 갑판이 좁고 긴 대신 선창이 넓어 많은 화물을 실을 수 있었다. 게다가 배불뚝이 저중심 설계라 출발과 정지가 쉽고 폭풍우 같은 악천후에도 잘 견뎠다. 선박 건조비도 싸게 먹혔다. 표준화로 건조 비용이 영국의 60퍼센트에 지나지 않았다. 그리고 플류트선은 선박이 가벼워 속도도 빨라 발트해에서 다른 나라 선박이 1번 왕복할 동안 2번 왕복할 수 있었다. 유대인들은 화물 운송비를 경쟁국 대비 3분의 1까지 낮추어 네덜란드가 세계 해운업계를 평정했다. 네덜란드는 16세기 후반에 이미 북방 무역의 70퍼센트를 장악했다. 어선 2,000척 이외의 상선 숫자도 나머지 전 유럽의 상선 수보다도 많은 1,800척이나 되었다.

동인도회사를 설립해 자본주의 싹을 틔우다

그 무렵 네덜란드 선주들은 동양을 향한 원양 항해에 나섰다. 이런 회사들이 몇 년 사이에 14개로 늘어났다. 하지만 지나친 경쟁이 문제였다. 스페인이나 영국 등과 경쟁하기 위해서는 규모가 크고 강한 회사가 필요했다. 이 문제를 해결하기 위해 네덜란드 정부와 의회가 나서서 하나의 회사로 합병을 유도했다. 그 결과 탄생한 것이 1602년 네덜란드 동인도회사다.

동인도회사

네덜란드 암스테르담에 세워진 세계 최초 주식회사 동인도회사 조선소 전경
(출처: 위키피디아)

동양 탐험에는 엄청난 자본이 필요했다. 유대인들은 그들이 앤트워프 시절에 시도했던 '주식회사'라는 개념을 다시 생각해냈다. 동인도회사 설립에 필요한 자본을 당시 해상무역을 주도하던 선주 각자의 투자로 충당했다. 약 645만 길더, 곧 금 64톤이 모였다. 네덜란드 동인도회사는 이렇게 모은 자본으로 설립한 근대 최초의 주식회사였다. 이렇게 주식회사라는 형태를 통해 탄생한 동인도회사는 영국 동인도회사의 8배가 넘는 대규모 경영을 할 수 있었다. 자본주의의 꽃이라 일컫는 근대적 의미의 주식회사는 이렇게 탄생했다.

그 뒤 해운업의 발전은 네덜란드를 물류산업 중심지로 만들었다. 물류산업 발달은 자연스럽게 네덜란드를 중계무역 중심지로 만들었다. 또 무역업의 발전은 이를 지원하는 금융업과 보험업의 발달을 가져왔다. 이 과정에서 자본주의의 싹이 네덜란드에서 피

암스테르담 은행

암스테르담 은행은 1609년 1월 31일 설립됐다. 공식 명칭인 비셀방크Wissellbank는 교환 또는 환전이라는 의미다.

어났다.

당시 네덜란드가 세계 물류의 중심이자 중계무역 기지이다 보니 유통되는 화폐의 종류만 수백 가지가 넘어 불편하기 이를 데 없었다. 그래서 태어난 게 화폐 통일을 목적으로 한 근대적 의미의 중앙은행 모태 격인 암스테르담은행이었다. 1609년 상인들이 만든 민간은행이었지만 시 정부가 지급을 보증하고 600길더 이상의 거래는 금화나 은화가 아니라 길더화 은행권을 사용하도록 의무화하여 화폐 통일을 이루어냈다. 그 뒤 네덜란드 동인도회사의 주식을 사고팔 수 있는 증권거래소가 1611년 세워졌다.

이렇게 자본주의 씨앗인 주식회사, 중앙은행의 모태, 증권거래소가 차례로 네덜란드에서 탄생했다. 이후 암스테르담은행은 유동성이 풍부해지자 신용 대출을 선보이고 2~3퍼센트대 저금리 대출을 시행해 해외 투자가 싹틀 환경을 구축했다. 이를 토대로 네덜란드는 해외 투자를 주도해 세계 무역 네트워크를 완성하고 자본주의 중심국으로 우뚝 서게 된다.

"네덜란드는 영토도 작고 인구도 적지만 영국보다 훨씬 부유한 나라다. 네덜란드 정부는 연 2퍼센트에 돈을 빌릴 수 있다. 신용 좋은 민간인도 3퍼센트면 차입이 가능하다."

애덤 스미스Adam Smith가 1776년에 펴낸『국부론』에서 한 말이다.

결과적으로 청어가 조선업과 해운 발전에 지대한 공헌을 하면서 중상주의를 활짝 꽃피워 자본주의의 씨앗들을 탄생시켰다.

중세와 근대는 1492년에서 갈라진다

　중세와 근대의 분기점이 된 1492년은 스페인으로서는 뜻깊은 해다. 역사적 사건이 3개나 그해에 동시에 일어났다. 스페인은 거의 800년간 이베리아반도를 지배했던 이슬람을 몰아냈고, 기독교 왕국을 선포하고 유대인을 추방했고, 콜럼버스가 '신대륙'을 발견했다.

　경제사에서 1492년은 더욱 각별한 의미가 있다. 유대인 추방은 네덜란드에서 중상주의가 꽃을 피우고 자본주의의 씨앗이 잉태되는 계기가 되었으며 그 힘은 그대로 도버해협을 건너 영란은행을 탄생시켜 산업혁명과 대영제국의 번영을 이끌었다. 세계 경제를 쥐락펴락하는 미국 연준도 그 연장선상에서 탄생했다. 다시 말해 오늘날의 세계 경제 질서를 탄생시킨 씨앗은 1492년에 심어졌다.

영국이 바다를 지배하자
돈도 건너가다

왜 달러 발행은 국채와 연동되었을까?

그 연원을 살펴보려면 역사를 거슬러 올라가야 한다. 조금은 긴 여행이다. 1913년에 설립된 미국의 연방준비제도는 영국의 영란은행 시스템을 그대로 모방했다. 그렇다면 영란은행은 어떻게 만들어진 것일까? 이를 알기 위해서는 17세기에 네덜란드 유대인들이 통째로 영국으로 옮겨온 과정과 영란은행 설립 배경을 알아야 한다.

네덜란드 유대인들이 도버해협을 건넌 가장 큰 이유는 1588년 칼레 해전에서 영국이 스페인 제국의 무적함대를 격파하고 해상권을 장악했기 때문이다. 어떻게 후진국 영국이 당시 최강국 스페인을 상대로 해상권을 장악하게 되었는지 그 과정을 한번 살펴보자.

수출 규제가 제국의 운명을 바꾸다

수출 규제가 역사를 바꾸는 계기가 될 수 있다. 2019년 7월 1일 일본은 반도체와 디스플레이 제조 핵심 소재의 한국 수출을 제한하기로 발표했다. 한국 반도체 산업에 일대 타격을 가하기로 한 것이다. 그런데 결과는 의외였다. 덕분에 우리 반도체 소재 산업이 대일 종속에서 벗어나는 기회가 됐을 뿐만 아니라 소재 부품 산업의 중요성을 깨닫는 계기가 되었다.

과거에도 수출 규제로 제국의 운명이 뒤바뀐 사례가 있었다. 16세기 영국과 스페인 제국 이야기이다. 당시 영국은 헨리 8세Henry Ⅶ가 왕이었는데 유럽 대륙과 비교해 형편없는 후진국이었다. 국가의 주 수입원은 양털 판매와 해적질이 전부다시피 했다. 그나마 양털 수출도 유대 상인들에게 의존해야 했다. 해적질에 필요한 대포도 모두 대륙에서 수입해 쓰던 시절이다. 그들은 수입 대포를 주로 스페인 상선을 상대로 해적질하는 데 썼다. 이에 골머리를 앓던 스페인 왕이자 신성로마제국 황제인 카를 5세Karl Ⅴ는 유대인 경제권인 플랑드르 공업지대의 영국 수출 금지를 단행했다. 영국은 더 이상 청동 대포를 수입할 수 없게 되었다.

그러자 헨리 8세는 자급자족 정책을 서둘러 대포 자체 제작에 나섰다. 당시 청동 가격은 너무 비싸 엄두를 낼 수 없었기에 그보다 4분의 1밖에 안 될 정도로 싼 철 대포 개발에 나선 것이다. 왕은 먼저 철 광맥이 있는 서식스 숲의 제철업자들에게 거액을 지원해 품질 좋은 철을 생산케 했다. 그 결과 1540년대 서식스 지역의 제철 공장은 50곳이 넘어 균질한 철 생산에 성공했다. 이는 훗날 산

스페인 왕 카를 5세

(출처: 위키피디아)

업혁명의 토대가 된다.

당시 영국은 효율적인 해적질을 위해서는 사거리가 긴 함포가 절실했다. 이제 남은 과제는 대륙의 청동 대포보다 포신이 긴 장거리 철 대포 개발이었다. 왕은 장인들을 끌어모아 장거리용 철 대포를 개발하는 데 성공했다. 여기에는 운도 따랐다. 서식스 지역 철 광석에 포함된 인燐이 대포의 내구성에 크게 도움이 되었다. 게다가 철 대포 생산 원가는 청동 대포의 3분의 1에 불과했다. 이후 영국은 연간 400톤이 넘는 철 대포를 생산했다. 이는 유럽 전체 대포 생산량의 70퍼센트에 이를 정도로 엄청난 양이었다.

갤리언선의 포문과 평저선이 역사를 바꾸다

어렵게 개발한 장거리 함포의 명중률은 너무나 형편없었다. 함포 발사 때 배가 너무 흔들려 조준 사격이 소용없었다. 이를 극복한 게 평저선 개발이었다. 이는 영국의 운명을 바꾸었다. 함포 발사 시의 반동을 흡수할 수 있도록 선박의 밑바닥을 비교적 크고 편평하게 만들라는 아이디어는 당시 헨리 8세가 직접 냈다고 한다.

헨리 8세의 공은 또 있었다. 그는 철 대포 개발 이전에 이미 상선을 차용한 무장상선이 아니라 본격적으로 전투를 위해 설계된 전함을 제작해 포문을 설치했다. 그전에는 갑판에 함포를 적재함으로써 무게중심이 위로 쏠려 전복될 위험성이 있었기 때문에 많은 함포를 적재할 수 없었다. 그는 그러한 문제를 포문을 만들어 해결했다. 수면 바로 위에 있는 아래 갑판에 경첩식 나무 창문을 만들

영국 왕 헨리 8세

(출처: 위키피디아)

어 포문으로 사용해 함포를 발사하도록 했다. 후발국 영국이 이후 당대 최강 스페인 무적함대를 깰 수 있었던 것도 바로 하중을 낮춘 갤리언선과 평저선에 장거리 철 대포를 장착했기 때문에 가능했다. 영국의 갤리언선 포문 설치와 평저선 개발은 이후 세계사를 바꾸는 원동력이 된다. 이것이 네덜란드 유대인의 영국 이주와 영란은행을 탄생시키는 시발점이 될 줄을 그때는 아무도 몰랐다.

칼레 해전이 세계의 권력을 뒤흔들어놓다

그 뒤 헨리 8세의 딸인 엘리자베스Elizabeth I 여왕이 지휘한 1588년 칼레 해전 때 영국은 갤리언 전투선 34척, 무장한 상선 163척, 평저선 30척으로 스페인 제국의 무적함대와 맞섰다. 그 무렵 해전은 백병전을 위주로 하는 근접 전투였다. 보통 배와 배끼리 강하게 들이받은 후 갈고리가 달린 사다리를 상대 배에 내려 보병들이 건너가 싸우는 백병전이 주류를 이루었다.

당시 영국 함대의 해군 선원은 6,000명에 불과했다. 반면 스페인 무적함대는 해상 백병전을 위해 해군 선원 8,500명에 보병 2만 명을 태운 엄청난 군사력으로 무장해 있었다. 무적함대 선박은 한 배에 보병만 350명씩 타고 있었다. 게다가 그들은 칼레 항구에서 스페인 육군 3만 명을 더 태워 영국 본토에 상륙시킬 작전을 준비하고 있었다.

이에 비해 영국의 갤리언 전투선은 무게중심이 낮고 길고 날렵해 철 대포가 200문 이상 있음에도 무적함대 배보다 속도가 월등히 빨랐다. 게다가 무게중심이 낮아 안정되다 보니 대포의 명중률도 스페인 함대보다 높았다. 영국의 평저선 역시 함포 명중률이 스페인 무적함대의 첨저선보다 월등히 높았다. 더구나 평저선은 수심이 얕은 연안에 정박할 수 있고 인근 해안에서 보급품 나르기도 쉬워 영국 함선들에 탄약과 식량 등의 보급이 원활해졌다. 특히 당시 칼레 항구는 수심이 낮아 흘수가 깊은 대형 선박이 안심하고 정박할 만한 시설이 없었다. 이런 조건에서 평저선은 여러모로 쓸모가 많았다.

당시 영국 철 대포의 사거리는 평균 100미터였고 스페인 무적함대 청동 대포의 사거리는 평균 60미터 내외였다. 영국 함선들은 근접 전투를 하지 않고 장거리 함포 덕분에 80미터 밖에서 치고 빠지는 전술로 스페인 무적함대를 괴롭혔다. 게다가 밑바닥이 편평한 평저선은 첨저선과 비교해 방향을 바꾸는 회전력이 월등히 뛰어났다. 영국 평저선은 단지 밧줄과 도르래를 이용해 돛들을 재빨리 돌려 배를 회전시키면서 초승달 대형을 이루어 쳐들어오는 적선들을 향해 함포 공격을 자유자재로 하여 스페인 무적함대를 공포로 몰아넣었다. 밑바닥이 뾰족한 첨저선으로서는 상상도 할 수 없는 회전력이었다. 이로 인해 무적함대는 그들이 원하는 해상 백병전을 엄두도 낼 수 없었다.

결국 쫓고 쫓기는 일주일간의 전투 끝에 지친 무적함대가 밤에 항구로 들어가 모두 정박해 있을 때 영국은 8척의 화공선을 기습적으로 상대방 진영으로 투입해서 폭발시키는 화공 작전을 펼쳤다. 이에 놀란 무적함대 선박들이 밧줄을 끊고 달아나면서 아수라장이 됐을 때 함포 사격 총공세를 펼쳐 칼레 해전을 승리로 이끌었다.

무적함대의 패배

해상 백병전에서 세계 최강이던 스페인 무적함대는 속도와 회전력의 우위를 활용해 사거리가 길고 명중률이 높은 철 대포로 공격해오는 영국 해군 갤리언 전투선과 평저선 함대의 원거리 함포전 앞에 속수무책으로 당했다.1588년 칼레 해전 기록화. (출처: 위키피디아)

　마침내 영국이 스페인의 무적함대를 무찌른 것이다. 이는 세계 권력의 이동이자 해상권 장악을 뜻했다. 그럼으로써 영국은 중상주의의 날개를 활짝 펼 수 있게 되었다. 영국인들은 그들 영해에서만 스페인 배를 몰아낸 게 아니라 미국과 인도 항구에서도 스페인 상선을 공격해 쫓아내 버렸다. 이로써 그들은 북미에 식민지를 많이 건설할 수 있었다. 이것이 세계사의 분수령이었다. 스페인 제국이 지고 영국의 해가 떠오르기 시작한 것이다. 영국의 해상권 장악은 항해조례를 통해 네덜란드 유대인의 영국 이주와 영란은행 탄생 그리고 훗날 영란은행을 본떠 만든 미국 연준의 설립으로 이어지게 된다.

[더 읽을거리]

평저선은 임진왜란 때도 위력을 발휘했다

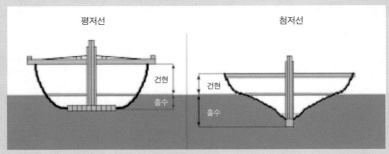

평저선과 첨저선

　우리나라 배는 고대부터 밑바닥이 편평한 평저선이다. 중국과 일본 배들은 물살을 쉽게 가르기 위해 배 아래가 뾰족한 역삼각형인 첨저선이다. 유선형이기 때문에 평저선에 비해 속도가 빨랐기 때문이다. 우리나라에서 평저선 같은 독특한 배가 탄생한 이유는 갯벌이 많다는 점이다. 배 밑이 역삼각형인 V자형 첨저선은 썰물이 나가면 갯벌에 쓰러진다. 그래서 밑바닥이 편평한 평저선이 자연스럽게 발달했다.

　고려 때 최무선 장군은 왜구들의 침략이 빈번해지자 물리치기 위해 먼저 제조 방법이 유실되었던 화약 제조 기술을 복원했다. 그리고 대포를 만들어 평저선 위에 설치했다. 이로써 1380년 금강 하구 진포에 상륙한 왜선 500척을 섬멸하여 바다를 지킬 수 있었다.

　칼레 해전보다 200년 이상 앞선 이 진포 대첩이 세계 최초의 함포 해전이다. 그 뒤 왜구들도 대포를 만들어 배 위에 장착했지만,

우리 한선을 당해낼 수 없었다. 평저선은 첨저선에 비해 배 위에서 대포를 쏠 때 반동 흡수에 유리하여 명중률이 높았다. 반면 왜구의 배는 첨저선이라 흔들림이 심해 명중률이 형편없었다. 게다가 평저선은 안정감이 있어 파도에 강하고 선회력이 좋았다. 제자리에서 360도 회전이 가능했다. 반면 첨저선은 파도나 물살이 강한 곳에서 무리한 선회를 하다가 침몰하는 경우가 많았다. 이순신 장군이 물살이 빠른 곳을 주로 활용한 것도 이 때문이다. 평저선이 임진왜란 때 나라를 구한 일등 공신이었다.

네덜란드 유대인이 통째로
영국으로 건너가다

영국 엘리자베스 여왕 시대의 유명한 해적 프랜시스 드레이크Francis Drake가 1573년에 노략질한 약탈물의 가치는 60만 파운드에 해당했다. 당시만 해도 영국의 가장 큰 수입원은 양털 수출이었는데 1600년 수출액은 100만 파운드에 불과했다. 이렇게 양털 수출과 해적질에 의존하던 후진국 영국이 어떻게 세계를 제패하는 대영제국으로 비상하게 되었을까?

네덜란드 유대 무역업자들이 영국으로 가다

스페인의 무적함대를 격파하고 해상권을 장악한 엘리자베스 여왕이 죽은 뒤 제임스 1세James I와 그 뒤를 이은 찰스 1세Charles I는 전제정치로 의회와 대립했다. 국왕과 의회의 대립은 내란으로 치달아 1645년 올리버 크롬웰Oliver Cromwell이 이끄는 의회군이 승리했다.

보인 전투의 윌리엄 3세

1690년 7월 1일 아일랜드 드로그헤다의 보인강을 가로질러 벌어진 결전에서 네덜란드 빌럼 3세William Ⅲ의 군대는 영국의 마지막 가톨릭 왕 제임스 2세James Ⅱ의 군대를 격파했다. 제임스 2세는 프랑스의 가톨릭 왕 루이 14세Louis XIV와 아일랜드 가톨릭의 지원을 받았지만 징발한 농민 위주였던 보병 부대는 잘 훈련받고 무장한 빌럼 3세(위리엄 3세)의 군대를 이겨낼 수 없었다. 얀 위크, 「보인 전투의 윌리엄 3세」, 1690~1695년경, 네덜란드 영국 대사관 소장. (출처: 위키피디아)

칼레 해전의 승리로 해상권을 장악한 영국은 이를 어떻게 해서든지 국부 증대에 활용해야 했다. 크롬웰은 1651년 '항해조례'를 발표한다. 유럽 다른 나라들이 영국 및 영국 식민지와 무역하려면 반드시 영국이나 영국 식민지 배만을 사용해야 한다는 내용이다. 한마디로 해운과 무역 업계에서 네덜란드를 배제하겠다는 의도였다. 네덜란드의 유대 무역상들에게 위기가 닥쳤다.

크롬웰의 '항해조례'는 어쩌면 네덜란드로서는 선전포고나 다름

권리장전 두루마기

영국 의회 자료실에 보관된 권리장전 두루마기를 펼쳐 보이고 있다. 왕과 왕비의 간섭 없이 의원을 선출할 자유와 의회 내 표현의 자유 등 13항목의 자유를 규정한 내용이 담겼다. (출처: 영국 의회 동영상 화면)

없었다. 영국과 네덜란드 사이에 1차 전쟁이 벌어졌다. 3년여 전쟁 끝에 영국이 이겨 네덜란드 해안과 항구를 봉쇄했다. 해상무역에 종사하는 네덜란드 유대인들로서는 다른 방법이 없었다. 유대인들은 그들의 대표인 랍비 마나세 벤 이스라엘Manasseh ben Israel을 영국에 파견해 1656년 네덜란드 유대 무역상들의 영국 이주를 허가받았다. 1290년 유대인들을 추방한 전력이 있는 영국이 경제 부흥을 위해 비공식적으로 유대인들을 다시 받아들이기로 한 것이다. 이로써 해상봉쇄로 어려움을 겪었던 세파르디계 유대인 무역업자들이 먼저 도버해협을 건넜다. 곧 세계 무역 네트워크와 교역 경쟁력이 네덜란드에서 영국으로 이동한 것이다.

프랑스와 네덜란드 전쟁 때 빌럼 3세를 돕다

1658년 크롬웰이 사망하자 영국은 11년 만에 왕정복고가 되었다. 한편 유럽 대륙에서는 프랑스의 태양왕 루이 14세가 네덜란드 침공 야욕을 드러냈다. 네덜란드는 인구도 적은데다가 해군 중심 국가여서 프랑스 육군을 대적하기 힘들었다. 게다가 프랑스와 영국이 도버 밀약을 맺고 네덜란드를 협공하기로 했다. 1671년 전쟁이 임박하자 사람들은 오라네(오렌지) 가문의 빌럼 3세를 위기에 대처할 지도자로 추대했다. 네덜란드는 육지에서 막강 프랑스군과 해상에서 무적함대를 격파한 영국 함대와 맞서야 하는 절체절명의 순간에 직면했다.

당시 오라네 공 빌럼 3세를 도운 사람들은 주로 유대인들이었다. 특히 전쟁 자금과 군수품을 조달한 것은 세파르디계 유대인 그룹이었다. 빌럼 3세는 그들 대표인 안토니오 모세 마차도와 자코브 페레이라를 조달 장관이라고 불렀다. 유대인들은 뼈를 묻는 각오로 빌럼 3세를 도왔다. 유대인들이 빌럼 3세를 도와줄 수밖에 없었던 절박한 이유가 있었다. 스페인에서 쫓겨났는데 마지막 안식처인 네덜란드마저 패망하면 또다시 정처 없는 방랑길로 내몰려야 했기 때문이다. 유대인들은 빌럼 3세가 주도하는 '전쟁기금 모금기구'에 적극적으로 협력했다. 그들은 국제적인 친족 연락망 곧 전 세계 유대인 디아스포라 망을 통해 엄청난 자금을 끌어들였다. 이 자금 덕분에 네덜란드는 1672~1673년 악전고투 끝에 프랑스와 영국의 동시 침공을 격파해 유럽 전역을 깜짝 놀라게 했다. 전비 조달 능력, 곧 돈의 힘은 이토록 강했다.

빌럼 3세

윌리엄 3세로 불린 빌럼 3세는 영국 왕 찰스 1세의 딸 메리의 아들로 외가 쪽으로 영국 왕실 혈통이었고 또한 왕비 메리 스튜어트가 영국 왕위 계승 서열 1순위였다.
(출처: 위키피디아)

영국은 의회의 요구로 1674년 네덜란드와 휴전했다. 네덜란드는 프랑스 루이 14세의 야심에 대항하기 위해서는 영국과의 관계를 개선할 필요를 느꼈다. 이를 위해 빌럼 3세는 1677년 요크 공 제임스 2세의 딸이자 자기의 사촌인 메리Mary II와 결혼했다. 네덜란드는 6년간의 전쟁 끝에 프랑스를 물리치고 1678년 평화조약을 맺었다.

빌럼 3세가 영국 왕이 되면서 유대 금융자본도 따라가다

그 뒤 영국에서는 찰스 2세가 자식이 없이 죽으면서 동생 제임스 2세가 왕이 되었다. 제임스 2세가 당시 국교인 성공회 대신 가톨릭을 옹호하고 전제정치를 펴자 혁명이 일어났다. 의회는 네덜란드의 빌럼 3세 부부를 영국의 공동 왕으로 추대하여 불러들이는 공작을 진행했다. 그들은 1688년 6월 말 네덜란드의 빌럼 3세 부부에게 영국의 자유 수호를 위해 군대를 이끌고 귀환하도록 초청했다. 윌리엄 3세로 불린 빌럼 3세는 영국 왕 찰스 1세의 딸 메리의 아들로 외가 쪽으로 영국 왕실 혈통이었고 또한 왕비 메리 스튜어트가 영국 왕위 계승 서열 1순위였다.

사실 빌럼 3세도 미리 영국 입성을 준비하고 있었다. 그는 용병을 모으는 한편 유대인 은행가 프란시스코 수아소로부터 은화 200만 길더를 빌려 군자금을 확보했다. 군자금 모집 총비용 700만 길더 중 400만 길더는 국채로 발행되어 대부분 유대 금융가들이 사주었다. 그해 11월 빌럼 3세와 메리 부부는 1,700문의 대포를 탑

왕위에 오르는 빌럼 3세 부부

1688년 런던 화이트홀 궁에서 오라녜 공 빌럼 3세와 메리 스튜어트에게 왕관을 바치는 상·하원 의원들. 화이트홀 궁은 16세기 중반부터 17세기 말까지 영국 군주의 주된 거주지 였다. 에드워드 매슈 워드의 1867년경 그림, 영국 의회 소장. (출처: 위키피디아)

재한 53척의 군함들과 이를 뒤따르는 수백 척의 선박에 기마병 3,000명과 보병 1만 명을 이끌고 영국에 상륙했다. 대단한 위용이 었다.

제임스 2세의 입장에서는 네덜란드의 침공이었지만 빌럼 3세의 입장에서는 제임스 2세의 탄압을 저지하기 위한 혁명군이었다. 그 러자 영국 귀족과 지방 호족들도 잇달아 빌럼 3세 진영에 가담했 다. 사위 부부가 장인을 공격하는 얄궂은 판이었다. 12월 11일 제 임스 2세는 왕실 인장을 템스강에 버리고 도망쳤지만 다음 날 잡 히고 만다. 빌럼 3세는 사형당할지 모른다는 공포에 사로잡혀 있 는 제임스 2세를 풀어주어 프랑스로 건너가게 했다.

1688년의 사건은 피 한 방울 흘리지 않고 통치자를 교체했기 때문에 무혈혁명, 곧 명예혁명이라 불린다. 1689년 2월에 빌럼(윌리엄) 3세 부부는 의회가 제출한 '권리선언'을 승인한 다음 공동 왕위에 올랐다. 윌리엄 왕을 따라 영국으로 건너간 인원이 무장 병력을 포함하여 3만여 명이었다. 민간인 가운데 반 정도가 유대 금융인들로 세파르디 유대인 3,000명과 아슈케나지 유대인 5,000명 등 8,000여 명이 이때 영국으로 옮겨갔다. 맨 앞에서 이 유대 금융인들을 이끌었던 페레이라의 아들 이삭은 영국의 병참 장관이 되었다.

네덜란드의 빌럼 3세 공작이 영국 왕 윌리엄 3세가 되어 양국을 동시에 통치하게 되자 그의 경제관과 금융에 대한 시각을 잘 알고 있는 네덜란드 유대인과 금융자본이 속속 영국으로 건너갔다. 마차도와 메디나 같은 유대 금융인들은 1689년 영국에 도착하자마자 네덜란드식 주식시장을 런던에 도입했다. 이처럼 유대인 금융업자들이 네덜란드를 부흥시켰던 사업 방식은 고스란히 영국으로 건너갔다. 그 후 유대인들의 선진 기법이 영국의 금융, 세제, 행정 전체를 개혁했다. 윌리엄 3세는 유대인들의 의견을 받아들여 네덜란드식 국채 발행제도 도입과 더불어 영국 동인도회사를 개혁했을 뿐만 아니라 네덜란드의 경험을 살려 재무부와 상무부 조직도 만들었다. 이로써 네덜란드 경제는 쇠퇴하기 시작했고 영국은 짧은 시간에 선진적 체계와 금융산업 토대를 구축할 수 있었다.[1]

영국이 세계 무역과 금융의 중심지가 되다

영국은 명예혁명 이전에 오랫동안 종교 간, 민족 간 전쟁터였다. 그들은 서로 보복하는 유혈 참사의 악순환에 빠져 있었다. 그러나 윌리엄 3세와 메리가 즉위하면서 모든 것이 달라졌다. 1689년 영국의회는 '권리장전'과 '관용법'을 통과시켰다. 이는 새로운 시대의 출발을 알리는 신호였다. '권리장전'의 내용은 제임스 2세의 불법 행위를 열거한 뒤 의회의 동의 없이 법률 제정이나 세금 징수를 금지하며 의회를 자주 소집할 것과 국민의 재산을 강탈하지 않을 것 등을 규정하고 있었다. 또 유대교와 개신교도들에게 예배의 자유를 허용하는 '관용법' 덕분에 유대인들은 어느 때보다 자유롭게 영국 사회로 진입해 금융혁명과 산업혁명에서 중요한 역할을 담당했다. 이를 토대로 영국은 세계의 패권 국가로 비상하게 된다.

이후 영국은 세계 최고 해상국가의 지위와 국제 금융 중심지의 바통을 네덜란드로부터 넘겨 받았다. 이에 따라 저리低利로 대규모 금융 지원을 받은 영국 제조업은 나날이 발전했다. 그리고 무역 확대와 식민지 개척도 속도를 냈다. 그 뒤 영국은 세계 교역과 식민 정책을 주무르는 제국으로 탈바꿈했다. 이 모든 배경에는 유대인의 저력이 있다. 네덜란드의 흥망성쇠를 보더라도 유대인의 힘을 알 수 있다. 네덜란드의 전성기와 유대인들의 네덜란드 체류 기간이 무섭도록 일치한다. 참으로 무서운 민족이다.

2장

글로벌 금융산업을 탄생시키다

왕에게 전쟁 자금을 대고
화폐 발행권을 얻다

1913년 존 피아폰트 모건John Pierpont Morgan이 주도해 만든 미국의 연방준비제도는 영국의 영란은행 시스템을 그대로 모방해 설립되었다. 그렇다면 영란은행은 어떻게 만들어진 것일까?

윌리엄 3세에게 긴급 전쟁 비용을 대다

1688년 네덜란드에서 건너온 윌리엄 3세가 영국 왕위 계승 이후 처음 부닥친 난제가 재정 적자 문제였다. 영국은 50여 년에 걸쳐 전쟁을 치르다 보니 국고가 바닥나 있었다. 세금을 올렸지만 전쟁 비용 조달에는 턱없이 부족했다. 전비가 모자라자 1692년에 네덜란드 방식의 국채 발행제도를 도입했다. 일종의 재정 혁명이었다. 그간 군주에게 빌려주던 대부 방식을 국채로 대체했기 때문이다. 국채를 발행하기 위해서는 의회의 동의를 받아야 했기 때문에 재

19세기 말과 20세기 초 몇 차례 공황과 금융 위기를 겪으며 서방 강대국 중 중앙은행이 없는 유일한 나라였던 미국에서도 중앙은행 설립 필요성이 대두됐다. 1913년 12월 23일에 우드로 윌슨Woodrow Wilson(가운데 책상에 앉은 사람) 대통령이 '연방준비법'에 서명했다. 영란은행 시스템을 그대로 모방한 민간은행 연합체 형태인 미국의 중앙은행인 연방준비제도(연준 · Fed)의 시작이었다. 윌버 커츠의 그림 「연방준비법 서명」. (출처: 우드로 윌슨 대통령 도서관)

정 악화를 견제하는 효과와 더불어 의회의 보증 효과가 있었다.

그러나 국채 발행조차도 한계에 부딪혔다. 시중에 국채를 소화할 자금이 넉넉하지 않았다. 국채 발행이 힘들게 되자 더 이상 재정 충당 방법이 없었다. 왕으로서 가장 화급한 문제는 당장 눈앞에 닥친 프랑스와의 전쟁 비용 마련이었다. 당시 프랑스는 영국보다 인구가 4배나 많았고 모든 산업에서 앞서 있을 뿐만 아니라 군사력도 훨씬 강했다. 특히 영국은 비치 해드 해전에서 프랑스에 대패한 뒤 강력한 해군의 필요성을 절감하고 있던 터라 수십 척의 전함

워싱턴 DC의 미국 연방준비제도Fed 건물. 미국은 1913년 영국 영란은행 시스템을 모방해 연준을 설립했다.

건조 비용이 시급했다.

　마지막 수단으로 윌리엄 3세는 네덜란드 시절부터 친하게 지냈던 유대 금융가들에게 긴급 협조를 요청했다. 그런데 왕이 요청한 돈은 너무 큰 금액인 120만 파운드였다. 이는 몇 명이 나서서 해결할 수 있는 금액이 아니었다. 문제는 그것이 전부가 아니었다. 그 큰돈을 마련하여 왕에게 빌려준다 해도 재정 적자가 날로 심해지는 형국에 돈 받을 가능성이 희박했다. 그렇다고 모른 체할 수도 없는 난처한 입장이었다. 유대 금융인들의 고민은 깊어졌다. 그들은 궁리 끝에 영국 내 반유대 감정을 고려해 우선 윌리엄 패터슨 등 스코틀랜드 금융인들을 끌어들여 앞에 내세웠다.

주식 공모를 통해 민간 중앙은행이 탄생하다

이때 유대인들은 또 한 번의 기발한 발상을 했다. 그들은 '전쟁기금 모금 기구'를 만들어 돈을 모아 국왕에게 빌려주는 대신 모금 기구가 왕실 부채증서를 담보로 '은행권'을 발권할 수 있게 해달라고 요구한 것이다. 그들로서는 금괴를 출자하고 그만큼의 은행권을 발행해 쓰는 것이어서 밑질 게 없는 장사였다. 거기다 더 중요한 것은 모금 기구를 영란은행으로 전환해 최초로 은행권을 찍어낼 수 있는 발권력을 쥐게 됐다는 점이다. 유대 상인들의 제안은 왕에게도 솔깃했다. 왕은 120만 파운드를 연이자 8퍼센트로 빌리는 대신 이자만 지급하고 원금은 영구히 갚지 않아도 되는 조건이었다. 그 무렵 시중 금리가 연 14퍼센트였던 상황에서 8퍼센트 금리는 나쁜 조건은 아니었다.

그리하여 영국 중앙은행은 주식 공모를 통해 설립 자금을 모집했다. 당시 영국 왕이 요구한 120만 파운드가 필요했으나 런던 상인 1,286명에게서 주식 공모 형태로 거둬들인 돈은 80만 파운드에 불과했다. 공모된 금액이 목표액에 매우 부족했음에도 다급한 영국 정부와 의회는 1694년 7월 의회 입법을 통해 영란은행BOE, Bank of England의 창립을 허가했다.

영란은행은 주주들 가운데 2,000파운드 이상 응모한 상인 14명에게 이사 자격을 주었다. 영란은행은 국채를 받고 정부에 80만 파운드를 빌려주었는데 일부는 은행권 형태로 지불되었고 그만큼의 금괴는 은행에 남아 지불 보증금으로 보관되었다. 정부는 이 은행권으로 프랑스와 전쟁을 하는 데 필요한 전함을 건조했다. 이것이 영란은행 지폐의 원조였다. 덕분에 프랑스는 전비 마련에 어려움을 겪었지만 영국은 쉽게 전비를 마련했다.

유대 금융 권력은 이때부터 주도하여 암스테르담에서 했던 금융 방식을 토대로 영국의 금융 혁명을 일사천리로 밀어붙였다. 먼저 의회가 '국가 채무에 대한 의회의 지불 보장법'을 제정하도록 했고 이를 근거로 1694년 경제특구인 '시티 오브 런던'에 영란은행을 설립했다. 이 민간은행이 정부로부터 특허은행 칙허를 받아 잉글랜드와 웨일스 지역의 은행권에 대한 독점 발권력을 소유하게 됐다. 윌리엄 3세의 칙허에 의해 금 세공인들은 금을 보관하고 보관 영수증을 발행할 수 없게 됐다. 그들이 갖고 있던 금조차 모두 영란은행 금고에 보관해야 했다. 윌리엄 왕은 유대인들에게 화폐 주조권을 독점적으로 행사할 수 있는 환경까지 만들어주었던 것이다. 이렇게 왕과 유대 상인들의 이해관계가 절묘하게 맞아떨어져 탄생한 것이 영국의 '민간 소유' 중앙은행이다. 그것은 동시에 현재에 이르는 국제 금융 역사의 시작이기도 하다.

참고로 은행이 설립되고 1년 뒤 은행 창립의 주역이었던 스코틀랜드 금융인 윌리엄 패터슨William Paterson은 영란은행 이사 자리에서 물러났다. 대부분의 유대 주주들은 익명을 원했다. 그들은 고대로부터 박해와 학살 속에서 살아왔기 때문에 이름이 드러나는 것을 원치 않았다. 패터슨은 많은 영란은행 주주들의 이름이 드러나지 않았기 때문에 주주들과 일하기 힘들었을 뿐만 아니라 이사들 간의 정책 대립에서 밀려났다. 그는 영란은행 설립 초기에 간판스타로 쓰였지만 결국 유대 금융인들에 의해 '팽' 당한 것이다.

국가화폐의 발행과 국채를 묶어놓은 구조이다

이렇게 강력한 새로운 금융 수단이 생기면서 영국의 재정 적자는 수직으로 상승했다. 쉽게 돈을 빌릴 곳이 생겼기 때문이다. 아이러니하게도 이 제도는 국가 화폐의 발행과 국채를 영구적으로 묶어놓는 구조였다. 그래서 국채를 발행하면 화폐가 늘어나는 구조가 되었다. 그렇다고 국채를 상환하면 국가의 화폐를 폐기하는 셈이 되므로 시중에 유통할 화폐가 없어지게 된다. 따라서 정부는 영원히 채무를 상환할 수 없는 구조가 되었다. 경제도 발전시켜야 하고 이자도 갚아야 하므로 화폐 수요는 필연적으로 늘어날 수밖에 없었다. 이 채무에 대한 이자 수입은 고스란히 은행가의 지갑으로 들어갔는데 국민의 혈세로 부담해야 했다. 이때부터 통화량 증대는 정부가 경제 상황을 고려하여 그 증감 정도를 주도하는 것이 아니라 대출로부터 기인하는 이상한 역사가 시작되었다.

저금리를 지속시켜 산업혁명의 원동력이 되다

영국의 금융 혁명은 윌리엄 3세를 따라온 유대 금융인들이 주도했다. 그들은 이후에도 필요할 때마다 정부 채권을 인수해 중앙은행의 기본 틀을 잡았다. 1751년 영란은행은 아예 정부 부채의 관리를 떠맡았다. 이때 유대인들은 또 한번 기발한 금융 상품을 선보였다. 여러 종목의 국채를 상환 기간을 없앤 일종의 영구채 형태로 통합해 만기가 아예 없는 영구 공채를 발행했다. 이후 약 200년에 걸쳐 영국이 발행했던 콘솔채consols가 바로 그것이다. 정부가 상환

의무를 지지 않는 대신 매년 이자를 영원히 지급하는 조건으로 발행한 공채다.

영국뿐만 아니라 세계의 투자자들이 콘솔채를 사들이자 국·공채 가격은 폭등했다. 표면 금리가 정해진 국·공채 가격이 올라간다는 것은 국·공채의 실질 금리가 떨어짐을 뜻했다. 국·공채의 시중 금리는 1755년 2.74퍼센트까지 떨어졌다. 당시로서는 누구도 생각지 못했던 대단한 저금리였다. 이러한 저금리의 지속이 거대한 자본이 필요했던 산업혁명의 원동력이 되었다.

미국 연방준비제도는 영란은행을 본떠 만들었다

　　미국 근대산업사와 금융사를 살펴보면 영국 자본이 미국으로 많이 흘러 들어갔다. 당시 미국 근대산업사의 주역은 단연 J. P. 모건이었다. J. P. 모건은 런던의 로스차일드와 합작으로 노던증권이라는 지주회사를 설립하여 미국의 철도산업과 철강산업은 물론 금융산업을 주도했다. 아울러 미국에 불어닥쳤던 몇 차례의 공황과 금융 위기 시에 방패막이가 되어 중앙은행 역할을 훌륭히 해냈다. 하지만 개인의 역할에는 한계가 있었다. 이로써 20세기 들어 미국에도 금융 위기 시 이를 막아줄 영국의 영란은행과 같은 중앙은행이 필요하다는 공감대가 형성되었다.

　　1913년 미국이 중앙은행을 설립할 때 영란은행 시스템을 그대로 모방했다. 미국 연방준비제도가 영국의 영란은행을 본떠 만들어진 민간은행연합체인 이유이다. 연준은 지금도 매년 수익의 6퍼센트의 범위 내에서 주주들에게 배당금을 지급하고 있다.

영란은행 설립

1694년 영국 수도 런던의 경제특구 '시티 오브 런던'에서 진행된 영란은행 설립 승인 모습. 유대 금융인들은 오랜 전쟁으로 전쟁 자금이 필요했던 왕에게 돈을 빌려주는 대신 왕실 부채증서를 담보로 은행권 발권 권한을 받았다. 조지 하코트 작, 「런던 로열 익스체인지에서 영란은행의 설립」. (출처: 게티이미지코리아)

대부업 수준을 글로벌 금융산업으로 발전시키다

근대 이후 세계 역사를 이끌어온 힘은 왕과 같은 정치 세력이 아니라 상인과 금융 세력에서 나왔다. 실제로 세계사의 전환점이라 일컫는 네덜란드의 중상주의 발흥, 영국의 산업혁명과 전파, 신대륙의 눈부신 성장 등은 상인과 금융업자의 역사이다. 특히 유대인에 의해 주도된 역사라는 사실을 부정할 사람은 드물 것이다.

로스차일드 가문은 지역 대부업 수준의 금융업을 온갖 혁신적인 발상으로 '글로벌' 금융산업으로 바꿔놓았다. 그들은 정보를 토대로 세계를 하나의 금융권으로 묶었고 신속한 정보를 활용해 돈을 벌었다. 이렇게 축적한 천문학적인 자본과 저금리로 산업혁명을 세계로 전파했으며 세계 각국에 금본위제를 확장시켰다. 로스차일드 가문이 이끈 금융 자본주의의 역사를 살펴보는 일은 금융경제의 흐름을 이해하는 데 도움이 될 것이다.

게토에서 고물상으로 시작해 세계 최고의 부자가 되다

유대인 이야기의 사실상 클라이맥스는 로스차일드가家에서 시작된다. 이전까지는 스페인계 세파르디 유대인들이 주도해왔다면 로스차일드가 이후로는 독일계 아슈케나지가 유대인 사회를 주도하게 된다. 프랑크푸르트 게토의 마이어 암셀 로스차일드Mayer Amschel Rothschild가 본격적으로 국제 금융업에 뛰어든 것은 18세기 말이었다.

당시 프랑크푸르트 유대인 집단 거주지 게토에는 150명 정도 살수 있는 면적에 3,000명 넘는 유대인들이 우리에 갇힌 가축처럼 살고 있었다. 마이어는 어려서부터 명석해 10세 때 랍비양성학교에 입학했다. 그러나 부모가 모두 천연두에 걸려 일찍 죽는 바람에 12세 때 학업을 중단할 수밖에 없었다. 하지만 3년간의 랍비 교육은 그를 세계적 금융업자로 우뚝 서게 만든 지혜의 원천이었다. 마이어의 친구들은 대부분 랍비였다. 당시 랍비는 항상 주변 공동체 랍비들과 종교적인 의문점이나 정보를 교환하는 일이 생활화된 정보의 집합처였다. 정보는 곧 힘이자 돈과 직결되었다.

그는 졸지에 소년 가장이 됐고 삼촌의 도움으로 하노버의 오펜하이머 은행에서 일하면서 동생들에게 매달 생활비를 부쳤다. 그는 금융업을 통해 5년간 세상을 배운 후 고향에 돌아와 게토에서 고물상을 시작했다. 당시 가게 앞에는 붉은 방패(독일어로 로트칠드)가 걸려 있었다. 이것의 영어식 발음이 로스차일드였다. 유대인은 원래 성性이 없었다. 마이어는 이를 자기의 성으로 삼았다.

로스차일드 가문의 자택

로스차일드 가문의 출발점이 된 독일 프랑크푸르트 유덴가세(유대인의 골목) 주택의 1890
년 모습. (출처: 게티이미지코리아)

마이어 암셸 로스차일드

우편 판매 마케팅을 도입해 부를 쌓기 시작하다

그 무렵 각국 화폐 수집을 취미로 하는 귀족이 많았다. 그들은 고古 화폐에도 관심이 많았다. 마이어는 은행원 시절 쌓은 지식으로 부랑아들이 쓰레기더미를 파헤쳐 들고 오는 동전 중에서 희귀한 고 화폐를 분별해낼 수 있었다. 그는 귀족들에게 희귀 화폐를 팔러 다녔지만 문전박대를 당하기 일쑤였다. 그는 궁리 끝에 옛날 동전 목록과 카탈로그를 정성껏 만들고 그 위에 향수를 뿌려 흥미를 보일 것 같은 부호들에게 속달우편으로 보냈다. 귀족들은 향기 나는 카탈로그를 받아보자 신기해했다. 그러자 상품을 갖고 방문해달라는 회신이 늘어나기 시작했다. 여기서 주목할 점은 그가 우편 주문으

로 고화폐를 판매한 사실이다. 그 옛날에 이미 '다이렉트 메일DM'
마케팅을 시작한 것이다.

그에게 기회가 찾아왔다. 마이어는 헷센-카셀 공국의 군주 아들
인 빌헬름과 직접 고화폐 거래를 트게 되었다. 당시 헤센 영주는
용병부대를 외국에 보내 많은 돈을 벌어 대부업을 하고 있었다. 이
후 마이어는 1769년 빌헬름으로부터 '궁정 상인'으로 지정받았으
며 자기 가게에서 세금을 걷는 대행업 허가도 받아 큰 성공을 거뒀
다. 마이어는 궁정 상인이 된 이듬해에 16세의 신부 '구텔레'를 아
내로 맞아 19명의 자녀를 얻었다. 그 가운데 9명은 전염병으로 일
찍 죽어 슬하에 5명의 아들과 5명의 딸을 두었다. 유대인의 관습에
따라 딸들은 사업에서 배제되고 아들 5명이 아버지 사업에 동참했
다. 마이어는 아들들에게 다섯 개 화살의 예를 들며 어떠한 경우에
도 단결할 것을 가르쳤다. 화살 하나하나는 부러트리기 쉽지만 다
섯 개를 한꺼번에 부러트리기는 힘들다는 사실을 강조했다. 이후
다섯 개의 화살 묶음이 로스차일드 가문을 상징하는 이미지가 되
었다.

명품 거래부터 채권과 환전까지 맡다

이때 마이어에게 또 다른 기회가 찾아왔다. 그는 1776년 빌헬름이
용병 파견 대가로 받은 영국은행 어음을 맨체스터 섬유업체에 결
제해야 할 금액과 연계시켰다. 이로써 빌헬름과 로스차일드는 서
로 환전수수료를 아낄 수 있었다. 이렇게 마이어의 국제 어음결제

5개 화살의 로스차일드 가문 문장

마이어는 아들들에게 다섯 개 화살의 예를 들며 어떠한 경우에도 단결할 것을 가르쳤다. '로스차일드'라는 성姓의 유래가 된 '붉은 방패', 아버지가 다섯 아들에게 힘을 합쳐 살아가라고 가르치며 만든 다섯 개의 화살 묶음 그림 등이 그려져 있다. (출처: 위키미디어 커먼스)

가 시작됐다. 미국 독립전쟁 때 어음할인 규모가 커지며 큰 수익을 냈다.

그는 1785년 빌헬름이 빌헬름 9세로 헤센공국 군주가 되자 막대한 유산과 용병 장사 수입 대부분을 채권 거래에 투자했다. 로스차일드는 커피, 담배, 영국 직물 등 귀족들이 좋아하는 명품 거래로 부를 축적해 나갔으며 1789년에는 비교적 큰 금액 채권의 할인 업무도 하게 되었다. 그의 아들들 역시 빌헬름과 은행들을 연결하는 중개인으로 활동하기 시작했다.

궁정 재정 관리인이 된 마이어 암셀 로스차일드

하층민 유대인 상인이 독일 헤센 공국의 궁정 재정책임자에 오르는 순간. 독일 프랑크푸르트의 게토에서 성장한 마이어 암셀 로스차일드는 고古화폐 거래와 대부업으로 시작해 유럽의 전쟁통에 왕실과 귀족들의 신임을 얻어 환전 사업으로 가문의 기틀을 놓았다. 헤센-카셀 공국의 군주 빌헬름이 마이어 암셀 로스차일드에게 궁정 재정을 맡기는 모습을 묘사한 그림. 독일 유대인 화가 모리츠 다니엘 오펜하임의 19세기 작품, 영국 버킹엄셔 애스코트 이스테이트 컬렉션, 내셔널 트러스트 소장. (출처: 위키피디아)

1789년 프랑스 대혁명이 일어나 유럽 전역이 전쟁에 휩싸였다. 마이어는 전쟁통에 오히려 사업을 더 확대할 수 있었다. 마이어는 헤센-카셀 공국의 재정 관리인이 됐고 영국이 용병에게 지급하는 급여와 비용도 관리하면서 환전 사업을 국제적으로 키웠다. 당시 유럽 왕실과 귀족들 절반이 빌헬름의 고객이었다. 누군가에게 대출해준다는 것은 금화나 은화를 마차로 채무자에게 운반해주어야 하고 매월 대출 이자 역시 받아와야 했다. 당시에도 환어음이 있었으나 은행 간 교환 절차가 복잡하고 시간이 오래 걸렸을 뿐만 아니라 환전수수료도 보통 10퍼센트 내외로 비쌌다. 로스차일드 형제들은 빌헬름의 일들을 도맡아 자기 일처럼 처리했다. 이후 마이어의 사업은 번창해 멀리 암스테르담, 파리, 런던 등 외국까지 거래가 확대되었다.

자신의 성을 따 로스차일드 은행을 설립하다

그 무렵 마이어는 빌헬름의 대출 업무를 처리하면서 차제에 '로스차일드 은행'을 설립했다. 당시 나폴레옹은 프로이센 정복 후 오스트리아를 압박하기 위해 전 독일에 오스트리아와의 거래를 중단시켰다. 하지만 빌헬름은 몰래 오스트리아와 돈거래를 시도했다. 대형 은행들은 문제가 생길 것을 우려해 빌헬름의 제의를 거절했다. 이때 로스차일드 은행이 그 일을 떠맡으면서 국제적인 금융가로 부상했다. 가문의 다섯 아들은 유럽 전역에 산재한 빌헬름의 채권 심부름을 위해 뛰어다니며 세상 돌아가는 국제 정세와 전쟁 판도를 유심히 살펴보았다. 그러면서 중요 도시마다 자신의 일을 봐줄 하수인을 심어두어 정보 수집과 업무 편의를 도모했다.

　마이어의 사업 변화에 프랑스 혁명만이 아니라 영국의 산업혁명 역시 큰 영향을 미쳤다. 빌헬름의 주요 고객이 영국이다 보니 채권 회수 관계로 영국을 몇 차례 방문했다. 그때 그는 싼값에 대량 생산되는 영국 면직물에 주목했다. 당시 영국산 직물이 유럽 대륙에서 가장 이윤이 많이 남았다. 그는 무역업도 직접 하기로 마음먹었다. 1798년 3남 네이선에게 제법 많은 돈을 주어 맨체스터로 보냈다. 영국 직물의 직수입을 시도한 것이다.

왜 유대인은 돈을 잘 벌었는가

유대인들은 서기 66년과 132년 두 번이나 로마제국에 반란을 일으켰으나 패배하고 난 뒤에 민족 전체가 가나안에서 쫓겨나 뿔뿔이 흩어지게 된다. 이를 이산離散, 곧 디아스포라라 부른다. 이후 디아스포라는 유대인 공동체를 의미했다. 로마제국과 싸우면서 국민의 절반 이상이 절멸하는 통에 사제 계급을 포함한 다른 종파들은 모두 소멸되고 바리새파만 살아남았다. 이때부터 유대교는 사제가 없는 평신도 종교가 되었다. 로마제국은 가나안에서 유대인의 흔적을 지우기 위해 지명 자체를 아예 가나안에서 팔레스타인으로 바꾸었다.

그 뒤 세계 곳곳에 흩어진 유대인 공동체들에는 종교적 의문점이 생겼을 때 공동체 랍비들 간에 편지로 의견을 나누는 전통이 생겼다. 그 후 편지에는 상품 정보, 환시세, 그리고 서로에게 도움이 되는 여러 정보 등이 포함되었고 랍비들은 이 정보를 필요한 사람들에게 나누어주었다. 그 뒤 장이 서는 곳에서 다른 지역 상품과 환시세를 훤히 꿰고 있는 사람은 유대인뿐이었다. 유대인은 이를 이용해 무역과 환전업으로 많은 돈을 벌었다. 그리고 그들의 편지가 오가던 길이 상품 교역의 통상로가 되었다. 이렇게 유대인은 고대로부터 정보가 큰돈이 된다는 사실을 알았다.

당시는 대부분이 문맹이었던 시절이다. 유대인은 사제 없는 종교를 지켜야 했기 때문에 남자들은 『성경』을 읽기 위해 모두 의무

적으로 글을 배웠다. 이것이 무역과 금융업에서 그들의 독점적 지
위를 더욱 강화했다.

빠른 정보와 유통을 통해
20배 차익을 거두다

마이어 암셀 로스차일드의 아들 5형제 중 가장 두뇌가 비상했던 셋째 네이선Nathaniel Mayer Rothschild은 21세에 영국 맨체스터로 건너가 면직물을 사서 독일 게토의 본가로 보냈다. 당시 영국 직물업은 석 달 외상 거래가 관례였는데 네이선은 현찰로 가장 좋은 물품을 가장 싼 가격에 사 가격과 품질로 시장 점유율을 높였다.

그는 무역업만으로는 한계를 느끼자 면직물 제조업에 뛰어들었다. 원단을 구입해 이를 염색업자들에게 보내 예쁘게 물감을 입힌 후 다시 봉제업자들에게 보내 원하는 스타일의 제품을 만들었다. 이렇게 중간 마진을 절약해 이윤을 크게 늘릴 수 있었다. 하지만 이 방식은 그리 오래가지 못했다. 경쟁이 치열해지며 네이선이 거두는 이윤도 점점 박해졌다.

워털루 전투

나폴레옹의 등장으로 유럽이 전쟁의 불길에 휩싸였을 때 로스차일드 가문은 시시각각 변하
는 전황 정보를 누구보다 빨리 입수하는 정보력으로 채권 거래를 통해 막대한 부를 쌓았다.
워털루 전투 때는 영국 왕실보다 이틀 먼저 승전보를 입수해 채권 투자에 활용해 "로스차일
드가 영국을 샀다."라는 말을 듣기도 했다. 본격적 국제 유대 자본이 태동한 것이 이 시기다.

제조업으로 1년에 벌 돈을 금융으로 석 달 만에 벌어들이다

네이선은 제조업보다는 금융업이 더 많은 돈을 번다는 사실을 알
았다. 그는 100만 파운드의 대형 주문을 받아 1년 동안 수백 명의
기술자가 땀 흘려 수출하면 5만 파운드 정도 남는 데 비해 금융기
관은 직조 자금 100만 파운드를 석 달간 빌려주고 단번에 비슷한
금액을 버는 걸 보고 크게 깨달았다. 큰돈을 벌려면 제조업이 아
니라 금융업을 해야 한다는 사실이었다. 그는 금융업을 시작하기
로 마음먹고 이윤이 큰 전시戰時 공채를 취급하기 위해 1803년 맨

네이선 마이어 로스차일드

마이어 암셸 로스차일드의 가장 영민한 자식이었던 셋째 아들 네이선 마이어. 영국을 기반으로 채권 거래 등 금융업과 전쟁통의 혼란을 이용한 상품 수출입으로 큰돈을 벌었다. (출처: 위키피디아)

체스터와 런던을 오가며 무역업과 금융업을 병행했다. 이때 뜻밖의 기회가 찾아왔다. 나폴레옹의 침략을 걱정한 헤센-카셀 공국의 군주 빌헬름 9세가 마이어에게 자신의 재산을 해외에 은닉하도록 부탁한 것이다. 마이어는 그 돈의 관리를 셋째 네이선에게 맡겼다. 네이선은 1804년 아예 주 무대를 런던으로 옮겨 은행을 설립했다.

네이선은 채권 거래를 하면서 정보의 중요성에 눈을 떴다. 영국이 유럽 대륙에서 잘 싸우면 영국 국공채 가격이 올랐고 그렇지 않으면 내렸다. 네이선은 시시각각 변하는 전세戰勢 관련 정보를 빨리 얻기 위해 전용 '고속 정보망'을 구축했다. 고대로부터 유대인들은 정보 교환에 비둘기를 사용했다. 비둘기는 귀소 본능과 방향감각이 탁월해 시속 70킬로미터로 곧장 날아가 메시지를 전했다. 훈련된 비둘기는 너비 33.3킬로미터에 불과한 도버 해협의 경우 30분이면 건널 수 있었다.

여기에 더해 네이선은 쾌속선 5척과 우편 마차들을 사들였다. 그리고 똑똑한 정보원들을 대거 고용해 유럽 각지의 정치, 군사, 통상 정보 등을 수집하게 했다. 그는 이렇게 수집된 정보를 신속하게 전달하는 전문 연락원까지 양성했고 환시세, 채권, 증권 등락 등 최신 정보를 빠르게 입수할 수 있었다.

당시 로스차일드 집안은 다른 사람보다 빨리 정보를 가져오는 연락원에게 수고비를 듬뿍 주었다. 그래서 로스차일드 집안 전용 파발마는 마부와 마차를 바꾸어가며 밤새워 달려 남들이 닷새 걸릴 길을 나흘 만에 가곤 했다. 이 하루 차이가 금융에서의 승패를 잔혹하게 갈랐다. 예를 들어 혁명 소식을 하루 먼저 접한 로스차일드는 그 나라 채권을 팔아치우고 다음 날 소식을 접하고 폭락한 채권을 헐값에 다시 사들여 큰돈을 벌었다. 또 그들은 보안을 위해 중동부 유럽 유대인 언어인 이디시어와 암호를 섞어 사용했다. 로스차일드 집안은 정보가 곧 돈이라는 사실을 알고 있었다. 당시 로스차일드의 '정보망과 수송 네트워크'는 오늘날 인터넷만큼이나 획기적인 시스템이었다.

1809년 빌헬름은 마이어를 통해 3남 네이선에게 15만 파운드를 보내서 만기가 없는 영구 공채인 콘솔채를 사도록 했다. 네이선은 석 달 정도 기다리면 공채를 더 싸게 살 수 있을 것이라며 우선 이 돈으로 무명천을 사들인 다음 유럽에 밀수로 팔아 40만 파운드를 만들었다. 그리고 3개월 후 액면가 100파운드의 이율 3퍼센트짜리 콘솔채를 73.5파운드에 사들였다. 그 후 네이선은 콘솔채를 73.5파운드 이하에 구매하도록 위탁받았지만 그 금액에 사지 않았다. 영국이 전쟁 자금 확보를 위해 콘솔채 발행을 계속 늘리고 있어 공급이 수요보다 많아지니 당연히 내려갈 수밖에 없다고 보았다.

네이선은 그 돈으로 밀수 사업과 금에 투자했다. 전쟁 중이라 금값이 꽤 올랐다. 그 외에도 정보망을 활용해 얻은 정보를 종합해 시의적절하게 여러 채권을 사고팔았다. 정확한 정보 덕에 단기 투자를 반복하여 66만 파운드를 200만 파운드로 불렸다. 그 뒤 네이선은 빌헬름이 요청한 금액보다 10파운드 이상이나 싼 62파운드에 콘솔채를 사주었다. 네이선은 빌헬름 9세에게 큰 이익을 안겨주었을 뿐만 아니라 그 자신도 큰 부를 축적할 수 있었다.

로스차일드 가문은 영국왕보다도 정보가 빨랐다

1815년 3월 유배되었던 나폴레옹이 돌아오자 온 유럽이 긴장했

대륙봉쇄령을 다룬 풍자화

나폴레옹은 '대륙 봉쇄령'을 내려 영국을 고립시키려 했다. 하지만 영국은 해군력이 우위였기에 중립국 선박들이 영국 항구를 경유하게 하는 대응으로 봉쇄령을 피해 갔다. 로스차일드 가문은 이때도 밀수로 큰돈을 벌었다. 오히려 생필품 가격 급등을 겪게 된 나폴레옹의 프랑스와 반대로 여전히 풍성한 영국인의 식탁을 묘사한 당시의 풍자화. (출처: 위키피디아)

다. 영국·프로이센 동맹군과 나폴레옹 군은 워털루 전투에 명운을 걸었다. 1815년 6월 18일 결전의 날 오후까지 전황은 프랑스군이 우세했다. 그러나 오후 4시쯤 프로이센 지원군 3만 명이 도착하면서 전세는 역전되었다. 결국 브뤼셀 근교의 워털루에서 영국의 웰링턴 장군이 승리했다. 정식 승전 공문은 전쟁이 끝난 뒤 그 결과를 세밀히 조사하여 정확하게 작성한 웰링턴의 부관이 직접 가지고 런던으로 향했다. 하지만 로스차일드 집안은 그보다 30시간 전에 먼저 출발한 비둘기와 전용 쾌속선을 이용한 네트워크를 통해 영국 왕실보다 무려 이틀 먼저 정보를 입수했다.

네이선은 곧장 증권시장으로 직행했다. 전쟁 결과를 초조하게 기다리던 사람들의 시선이 그에게 집중되었다. 그러나 그의 얼굴에는 표정이 없었다. 단지 그의 눈빛 지시에 따라 네이선의 사람들은 국채를 내다 팔기 시작했다. 사람들은 영국이 전쟁에서 패했기 때문이라고 지레짐작하고 갖고 있던 국채를 팔기 시작했다. 증권시장에는 "워털루 전투에서 영국군이 프랑스군에게 패배했다."라는 루머가 돌았다. 증권시장은 순식간에 아수라장이 되었다. 충격과 공포로 국채와 주식 가격은 폭락을 거듭하더니 마감 시간이 가까워져 오자 액면가의 5퍼센트도 안 되는 휴짓조각으로 전락했다.

네이선의 사람들은 95퍼센트 이상 폭락한 채권과 주식을 다시 긁어모으기 시작했다. 패닉 상태로 이성을 잃은 투자자들은 이를 눈치채지 못했다. 다음 날 나폴레옹이 대패했다는 소식이 전해졌다. 국채와 주식은 다시 천정부지로 치솟았다. 로스차일드는 단 하루 사이에 20배의 차익을 거두었다. 이로써 로스차일드는 영국 채권 총량의 62퍼센트를 거머쥐었다. 이때 사람들은 '로스차일드가 영국을 샀다'고 평했다. 그 뒤 네이선은 영란은행 주식의 대부분을 사들여 세계 금융업의 정점에 올랐다. 이때가 본격적인 국제 유대 자본의 태동기이다.

한편 이 이야기가 사실이 아니라는 설說도 있다. 당시 워털루 전투 직후의 이야기는 나치가 로스차일드를 음해하기 위해 윤색한 일화라는 것이다. 로스차일드는 워털루 전쟁 직후 떼돈을 번 것이 아니라 전쟁 기간 내내 군수 사업과 금괴 밀수 등으로 계속 돈을 벌었다는 것이다. 하지만 이런 이야기는 설득력이 약하다. 로스차일드 가문은 그간 무수한 채권과 환거래를 하면서 한시라도 더 빠른 정보 획득을 위해 모든 정보망과 시스템을 가동했다. 그랬던 네이선이 그 귀한 정보를 48시간 이전에 획득했음에도 이를 활용치 않았다는 것은 이해하기 힘들다. 네이선이 증권 객장에서 속임수를 썼는지는 확인되지 않았지만 정보를 활용해 돈을 번 것은 확실한 사실이다.

프랑스 해군이 1805년 넬슨에게 완패당하며 영국 상륙작전은
실패로 끝났지만 나폴레옹은 형 조제프를 스페인과 나폴리 국왕에
앉히고 동생 루이를 네덜란드 국왕에 앉히고 자신은 라인동맹을
발족하여 막강한 영향력을 행사했다. 나폴레옹은 영국을 고립시키
려고 1806년 대륙봉쇄령을 내렸다. 이때 로스차일드 가문의 정보
및 수송 네트워크가 진가를 발휘하게 된다. 당시 영국에서는 판로
를 잃고 재고가 쌓인 수출 상품 가격이 폭락한 반면 유럽 대륙에서
는 영국 제품들이 안 들어오자 생필품 가격이 치솟았다. 로스차일
드가의 셋째 아들 네이선은 가격이 폭락한 영국 제품을 대량 구입
해 밀수 루트를 통해 유럽 대륙으로 공수해 떼돈을 벌었다.

그가 선호하는 밀수 루트는 덴마크 해안인데 중간거점은 독일
해안에서 65킬로미터 떨어진 영국령 헬골란트 섬이었다. 덴마크
해안은 세계 5대 갯벌로 꼽히는 바덴(아덴) 갯벌로 배 밑바닥이 뾰
족한 유선형 배 '첨저선'들은 접안시설이 있는 항구가 없어 접근이
힘들었다. 바덴 갯벌은 네덜란드, 독일, 덴마크 3개국에 걸쳐 펼쳐
져 있었다. 유라시아 대륙에서 이런 큰 갯벌은 우리 서해안 갯벌과
바덴 갯벌뿐이었다.

로스차일드 형제들은 갯벌 해안에 상륙 가능한 밑바닥이 평평
한 평저선을 타고 깜깜한 밤에 밀수품을 날랐다. 밀수를 단속해야
할 당국도 조수간만의 차가 심하고 일반 배들은 접근조차 불가능

한 갯벌을 통해 밀수품이 들어올 것이라곤 생각하지 못했다. 네이선은 밀수 루트로 금과 화폐도 보냈다. 암암리에 로스차일드 가문은 상품과 자금의 빠른 수송으로 유명해졌다. 그 뒤 영국군은 네이선에게 군자금 수송을 맡겼다. 대륙봉쇄령 때 금 밀수를 해본 사람이 네이선 말고는 없었기 때문이다.

세계가 금융 명문
로스차일드 손에 떨어지다

1815년 워털루 전쟁 이후 로스차일드 가문의 셋째 아들 네이선은
영국 정부에 대한 최고 채권자이자 영란은행의 최대 주주가 되어
공채 발행 실권을 장악했다. 이는 곧 영국의 통화 공급량과 채권
금리를 로스차일드가 좌우하게 되었다는 의미이다.

　1817년 프로이센은 런던 로스차일드가 프로이센 공채 발행의
주간사 은행이 되어달라고 요청했다. 그 후 유럽 각국이 로스차일
드에게 공채 발행을 의뢰했다. 이로써 런던 채권시장이 글로벌화
에 성공했다. 그 무렵 프랑스 혁명 이후 폐위됐던 왕들이 복귀하는
과정에서 많은 전쟁이 일어나 각국에서 전쟁 채권이 대량 발행되
었다. 로스차일드 가문과 런던의 유대 금융인들이 전쟁 채권을 사
들이며 채권 가격이 오르자 시중 금리는 떨어졌다. 이렇게 채권시
장이 활성화되어 유럽 전역과 러시아가 하나의 채권시장이 되었
다. 로스차일드 가문이 경제사에 기여한 가장 중요한 업적이 국제

로스차일드 가문의 영국 여름별장

궁전 같은 로스차일드 가문의 영국 여름별장. 로스차일드 가문은 유럽의 전쟁통에 한발 앞
선 정보력으로 영국 정부에 대한 최고 채권자이자 영란은행의 최대 주주가 되었다. 그 후 유
럽 각국의 공채 발행을 맡으면서 국제 채권시장을 창출했고 영국의 산업혁명이 세계로 뻗어
나가는 토대를 만들었다. 영국 버킹엄셔의 워데스던 저택Waddesdon Manor(사진)은 세
계 금융을 호령하던 로스차일드 가문의 위세를 보여주는 유산으로 지금도 매년 40만 명 안
팎의 관광객이 찾는다. 내부엔 냉·온수 수도와 전기 등 당대 최고 기술이 적용됐는데 1890
년 저택을 방문한 빅토리아 여왕이 전구 샹들리에에 감명받아 스위치를 껐다 켰다 하면서
10여 분을 보냈다는 일화가 유명하다. (출처: 위키피디아)

채권시장의 창출이다. 이는 저금리 환경으로 이어져 영국의 산업
혁명이 세계로 뻗어나가는 토대가 되었다.

세계 자본시장을 금본위제로 견인하다

유럽 주요국에 진출한 로스차일드 다섯 형제는 한몸처럼 움직였다.

런던 주식시장

투자자로 가득한 19세기 런던 주식시장. 19세기 초 런던 증시를 묘사한 판화. "로스차일드가 영국을 사들였다."라는 말을 듣게 되는 시기다. (출처: 위키피디아)

이 점이 유럽 전체를 묶는 글로벌 은행 탄생에 결정적 역할을 했다. 금융의 역사를 보면 워털루 전쟁이 끝난 1815년부터 금융시장이 세계화되었고 주식시장이 확대됐다. 이 과정에서 로스차일드 상사의 글로벌화는 많은 것을 바꾸었다. 유대인 정치경제학자 칼 폴라니Karl Paul Polanyi는 로스차일드가 아예 게임의 룰을 바꿨다고 했다. 금융 중개 업무 수준의 은행이 아니라 외환시장의 국가 간 장벽을 허물어 금융시장의 성격을 글로벌하게 바꿔버렸다는 것이다.

그 후 로스차일드는 세계의 금광들을 사들여 국제 금 가격을 마음대로 주무르며 영국을 1819년 세계 최초의 금본위제 국가로 만들었다. 그리고 여세를 몰아 서구 전체를 금본위제로 끌어들였다.

1872년 독일을 필두로 1878년 프랑스, 1879년 미국, 1881년 이탈리아, 1897년 러시아를 금본위제에 합류시켜 세계 주요국들을 모두 금본위제 국가로 만들었다. 이때부터 화폐 발행과 금 가격 등 중요 결정권을 그들이 주도했다. 그 후 로스차일드 가문은 각국 통화를 상품으로 보고 형제들 간 네트워크를 활용해 무위험 차익 거래로 꾸준히 수익을 올렸을 뿐만 아니라 외환 시세를 주물러 환차익을 얻는 투기에도 열을 올렸다.

　로스차일드 가문은 막대한 자금력, 정보력, 그리고 각국 정치 권력과의 밀접한 관계를 활용해 산업혁명 전파에 적극적으로 나섰다. 나폴레옹전쟁이 끝난 후 10년간 전후 복구 사업과 산업혁명에 필요한 자본 조달을 위해 이전 100년 동안의 유가증권보다도 더 많은 양의 유가증권이 발행됐다. 자본시장이 발달하자 저금리가 정착됐고 투자가 활발해지며 산업혁명의 불길이 타올랐다. 그 후 그들은 대규모 자금이 드는 철도의 유럽 대륙 전파에 앞장섰다. 오스트리아와 프랑스로 간 로스차일드 가문이 유럽 대륙 최초의 철도를 깔았다.

J. P. 모건 가문과 미국 연준 설립에 참여하다

미국이 산업혁명 초기에 빨리 진입할 수 있었던 데도 유럽 자본, 특히 로스차일드 가문 자본의 덕이 컸다. 당시 그들은 미국 정부 국공채는 물론 제2 미합중국은행 주식의 많은 양을 샀다. 그렇게 많은 양의 미국 채권과 주식을 사들이자 1837년 미국 피바디 은행

에드몽과 라이오넬

팔레스타인에 유대인이 정착할 토지를 대량으로 사들인 에드몽 로스차일드(왼쪽)와 영국이
팔레스타인에 유대인 국가 건국을 약속한 '벨푸어 선언'을 이끌어낸 라이오넬 로스차일드
(오른쪽). (출처: 위키피디아)

이 미국 상업은행 최초로 런던에 문을 열고 거래를 중개했다. 훗날
이 은행의 공동 경영자로 참여했다가 런던 피바디 은행을 인수한
사람이 J. P. 모건의 아버지 주니어스 모건Junius S. Morgan이다. 이렇
게 로스차일드 가문과 J. P. 모건 가문의 관계가 시작됐다. 그 뒤 런
던 로스차일드가 J. P. 모건과 합작 설립한 지주회사 노던증권이 미
국 산업과 금융의 돈줄이 되었다. 1913년 J. P. 모건이 주도한 미국
연준 설립에도 로스차일드계 은행들이 대거 참여했다.

　1881년 러시아 국왕 알렉산드르 2세Aleksandr II가 암살당했다. 조
사 결과 암살범이 유대인 처녀의 집에서 집회를 했음이 알려지자

유대인 학살이 시작되었다. 이때 23만 명의 유대인이 서유럽으로 망명했다. 그 후에도 유대인 학살은 계속되었다. 1882년 프랑스의 대 랍비 사독 칸은 러시아 랍비 사무엘 모히레버Samuel Mohilever를 데리고 에드몽 로스차일드Edmond James de Rothschild를 찾아가 러시아의 참상을 전하며 팔레스타인에 유대인 정착촌을 건설해달라고 요청했다. 에드몽은 두말하지 않고 지원하겠다고 약속했다.

그는 마이어 암셸의 아들 중 프랑스를 맡았던 막내 제임스의 아들이었다. 그는 은행 일은 형들에게 맡기고 본격적으로 시오니즘 운동에 뛰어들어 팔레스타인에 모여든 유대인들을 뒤에서 도왔다. 그는 이스라엘 건국 66년 전인 1882년부터 팔레스타인 지역에 이주하는 유대인들이 자립할 수 있도록 농장용 땅을 사들이기 시작했다. 컬럼비아 대학교 사이먼 샤머Simon Schama 교수의 저서 『두 명의 로스차일드와 이스라엘』을 보면 이스라엘 영토의 80퍼센트 이상이 에드몽이 사준 땅이었다고 한다. 이스라엘의 초대 총리 다비드 벤구리온David Ben-Gurion은 에드몽에 대해 "유대인이 유랑민으로 지낸 2,000년의 세월 동안 에드몽 로스차일드에 버금가는, 또는 그와 견줄 만한 인물을 발견하는 것은 도저히 불가능합니다."라고 했다.

로스차일드 가문이 이스라엘의 옛 땅을 사들이기만 한 것은 아니다. 실제로 수천 년간 나라를 잃고 떠돌이로 지내야 했던 민족의 설움을 실제로 해결하는 정치력도 발휘하였다. 제1차 세계대전 당시 영국은 항복을 고려할 정도로 상황이 심각했다. 유일한 해결책은 미국의 참전이었다. 그러려면 워싱턴 정가를 움직이는 미국 내 유대인들의 도움이 절실했다. 영국 내각은 1916년 10월 '세계시온주의자연맹' 대표 라이오넬 로스차일드Lionel Nathan Rothschild와 비밀리에 회동을 하고 전후 팔레스타인을 유대인들에게 넘겨줄 것을 약속했다. 그 결과 1917년 4월 2일 미국 우드로 윌슨Thomas Woodrow Wilson 대통령은 의회에서 "미국은 독일에 대해 선전포고를 해야 합니다."라는 연설을 하기에 이르렀고 그로부터 불과 4일 만에 특별한 사유도 없이 미국은 제1차 세계대전에 참전하게 됐다. 그 뒤 11월 영국 외무장관 아서 벨푸어Arthur James Balfour가 월터 로스차일드Lionel Walter Rothschild 경에게 편지를 보냈다.

'팔레스타인에 유대 민족의 정착지를 마련할 것을 호의적으로 숙고하며 이 목표를 이루기 위해 혼신의 노력을 다할 것입니다.'

이른바 '벨푸어 선언'이다. 하지만 이는 다급한 영국의 상충된 약속이었다. 영국은 제1차 세계대전이 끝나면 팔레스타인의 독립을 보장한다는 '맥마흔 서한'을 이미 1915년 아랍권에 전달했기 때문이다. 오늘날 팔레스타인의 비극은 이로부터 잉태되었다.

왜 은행과 본사 외부에 명패를 달지 않게 됐는가

아돌프 히틀러Adolf Hitler의 정치적 부상은 로스차일드 일가에 치명적이었다. 히틀러의 영향권 아래 있었던 빈의 로스차일드는 감옥에 갇혔다가 겨우 목숨을 부지하고 전 재산을 몰수당한 채 추방되었다. 프랑스 로스차일드도 같은 운명을 맞았다. 에드몽, 로벨, 앙리 로스차일드는 프랑스 국적을 박탈당하고 맨몸으로 추방당했다.

희생자도 나왔다. 프랑스 로스차일드 어머니 쪽 가문은 대부분 수용소로 끌려가 죽음을 맞았다. 필립 남작의 아내는 유대인이 아님에도 수용소로 끌려가 돌아오지 못했다. 이렇게 나치에게 혼이 났던 로스차일드 가문은 제2차 세계대전 후 철저히 베일 뒤로 숨었다. 그들의 은행과 본사 건물 외부에는 명패조차 달지 않는다. 그 후 가문의 자산은 비밀주의에 가려져 아무도 그 실체를 모른다.

[더 읽을거리]
로스차일드 5형제는 어떻게 부를 일구었는가

마이어는 헤센-카셀 공국 군주 빌헬름 9세의 재산을 관리하게 되자 다섯 아들들을 활용해 다국적 금융업을 운영하기로 마음먹었다. 그는 다섯 아들을 유럽의 중요한 다섯 도시에 단계적으로 파견했다. 첫째 암셀을 프랑크푸르트 본가에 남겨두고 둘째 솔로몬을 빌헬름 9세의 재정자문관으로 궁정에 집어넣었다. 셋째 네이선을 섬유 비즈니스를 위해 영국 맨체스터로 보냈다. 다섯째 제임스는 파리로 보냈다. 그리고 마이어 로스차일드 사후 그의 유언에 따라 빌헬름 9세의 재정자문관이었던 둘째 솔로몬은 빈으로 갔고 넷째 칼만은 나폴리로 가서 은행을 개설했다. 이것이 로스차일드 가문이 다국적 금융기업으로 탄생할 수 있었던 밑거름이다.

첫째 암셀은 나중에 통일 독일의 초대 재무장관이 됐다. 둘째 솔로몬은 빈에서 최고의 직위에 올랐다. 셋째 네이선은 세계에서 가장 영향력이 큰 금융인이 됐다. 넷째 칼만은 이탈리아 금융을 장악했다. 다섯째 제임스는 프랑스에서 공화정과 왕정에 걸쳐 금융계에 군림했다. 로스차일드 가문의 좌우명은 '화합Condordia, 진실Integritas, 근면Industria'이었다. 이는 유대교 경전 『토라』와 『탈무드』가 디아스포라 공동체 구성원들에게 가르치는 핵심 내용이었다.

3장

글로벌 경제를
주름잡다

리바이의 청바지 혁명이
패션산업을 바꾸다

미국의 행운은 1846~1848년 미국-멕시코 전쟁 결과 싼값에 할양받은 주 중 하나인 캘리포니아에서 시작되었다. 미국이 캘리포니아를 넘겨받은 해에 잭팟이 터졌다. 1848년 1월 캘리포니아 새크라멘토 근처 강에서 한 노동자가 사금을 발견했다. 처음에는 이를 비밀에 부쳤다. 그러나 결국 많은 금이 발견됐다는 기사가 그해 8월 『뉴욕 헤럴드』에 실렸다. 이재理財에 밝은 유대인들이 이런 기회를 놓칠 리 없었다. 유대인 수천 명이 서부로 향했다. 당시 육로 대륙횡단은 위험할 뿐만 아니라 시간도 오래 걸렸다. 유대인들은 배편으로 파나마에 도착해 77킬로미터의 지협을 카누와 도보로 통과한 후 다시 배편으로 서부에 도착해 채광권을 선점하며 금광 근처에 대지주로 자리잡았다.

그해 12월 5일 대통령은 의회 연설에서 금 발견을 인정했다. 이듬해에 미국 전역에서 장정 8만 명이 몰려들어 캘리포니아 인구는

골드 러시

1848년 캘리포니아 새크라멘토에서 캐낸 금이 화제가 되면서 미국 전역에서 수많은 이가 서부로 향하는 '골드 러시'가 시작됐다. 이는 서부 개척은 물론이고 우편과 송금 등 통신과 금융 발전으로 이어졌다. 이 기회를 놓치지 않은 일부 유대인은 미국 서부 채광권을 차지해 부를 축적했다. 리바이 스트라우스는 금광을 선점하진 못했지만 청바지를 만들어내 큰돈을 벌었다. 그의 청바지는 오늘날에도 자유, 젊음, 시대를 초월한 실용의 상징으로 통한다. 그림은 1849년 캘리포니아에서 금을 찾고 있다.

순식간에 10만 명을 돌파했다. 일개 촌이었던 샌프란시스코도 인구 2만 명의 도시가 되었다. 1852년에는 캘리포니아 인구가 25만명으로 불어났다. 금광은 주변 주에서도 잇달아 발견되어 대륙 철도 사업을 일으킬 정도로 대호황이었다.

마차 덮개로 만든 광부 바지가 유행이 되다

골드러시는 미국을 부강하게 만드는 계기가 되어 서부 개발과 함께 영토를 확장할 수 있었다. 그리고 보호구역 설정으로 인디언의 영향력이 줄어들었고 역마차 제도가 생겼다. 이로써 우편 제도와 송금 제도가 발전했다. 역마차는 좌석 등급이 세 가지 있었다. 진흙탕이나 언덕이 나오면 1등 요금 승객은 앉아 있었고, 2등 요금 승객은 마차에서 내려 걸었고, 나머지 승객은 마차를 밀었다.

남북전쟁 중인 1862년에는 홈스테드법이 도입되어 5년간 서부 개척에 종사한 사람들에게 토지 160에이커를 무상으로 주어 개척 활동을 촉진했다. 1867년 미국은 러시아로부터 알래스카를 헐값에 사들였다. 1869년에는 대륙횡단철도가 개설되어 급속한 경제 발전이 이루어졌다. 철도를 따라 전봇대가 세워져 전보가 등장하자 금융산업 등 정보 산업이 급속히 발전했다. 모두 골드러시의 영향이었다. 그 후 캘리포니아는 가장 인구가 많은 주가 된다.

골드러시 덕분에 돈 번 유대인이 있다. 리바이 스트라우스Levi Strauss다. 그는 1829년 독일의 한 가난한 유대인 가정에서 7남매의 막내로 태어났다. 리바이는 10대 시절부터 아버지를 따라 행상에 나섰다. 아버지가 폐결핵으로 세상을 떠나며 그에게 당부했다.

"아들아, 하느님이 우리 인간을 심판할 때 맨 먼저 물어보는 말이 뭔지 아니? '너는 진정 네 할 일을 다 하였는가?'라는 질문이란다."

이 말이 평생 리바이의 화두가 되었다.

아버지를 잃고 살길이 막막해지자 유대인도 평등한 대접을 받는 미국행을 결심했다. 작은아버지 가족이 먼저 뉴욕으로 이민 가서

리바이 스트라우스

리바이스 창업주인 리바이 스트라우스. 그는 독일의 가난한 유대인 가정에서 태어났는데 골드러시 때 미국 서부에 자리잡고 청바지를 처음으로 만들어냈다. (출처: 위키피디아)

자리잡은 것도 한몫했다. 리바이가 18세가 되던 해인 1847년 일가는 뉴욕으로 건너갔다. 우선 사는 게 급해 리바이는 공부를 포기하고 작은아버지의 옷 가게에서 일을 배웠다. 그런데 고된 일에 비해 벌이가 신통치 않았다. 켄터키에서 천과 의류 행상도 해보았지만 마찬가지였다.

골드러시 시대라 리바이도 서부로 향했다. 하지만 그는 샌프란시스코에 도착하고는 크게 실망했다. 금광은 이미 먼저 온 사람들이 다 선점해 결국 그는 다시 천과 의류 행상을 해야만 했다. 어쩔 수 없이 다시 시작한 행상이 다행히 제법 자리잡았다. 그런데 그 무렵 사고가 터졌다. 마차 지붕으로 쓸 범포帆布를 사 간 광부가 천에서 물이 샌다며 환불을 요구했다. 원래 범포는 돛에 사용하는 튼

튼하고 질긴 천이었다. 리바이는 당장 환불해줄 현금이 없었다. 그는 광부의 해진 바지를 보고 환불 대신 그 천으로 튼튼한 광산 작업용 바지를 만들어주겠다고 제안했다. 그 후 범포로 만든 바지는 광부들에게 인기가 많아 잘 팔렸다. 리바이의 가게는 도매와 소매 모두에서 큰 성공을 거두었다.

하지만 주머니 재봉선이 자주 터졌다. 주머니에 넣은 연장과 광물 무게를 이기지 못했기 때문이다. 더 질긴 바지가 필요했다. 그 무렵 양복점을 하던 유대인 재단사 제이컵(야곱) 데이비스가 리바이에게 동업을 제의해왔다. 제이컵은 천을 단단하게 고정하는 구리로 만든 징 '리벳Rivet'을 바지 주머니에 박는 아이디어로 이런 문제를 해결하고 있었다. 그리고 주머니 속의 작은 주머니는 당시 유행인 회중시계를 넣을 수 있도록 고안되었다.

그는 일반 바지의 3배 값으로 바지를 팔고 있었지만 특허를 낼 돈은 없었다. 그러나 리바이에게는 또 다른 특별한 아이디어가 있었다. 그는 자신이 만든 바지에 독사들이 싫어하는 인디고라는 천연염료로 청색 물을 들였다. 광부들이 사막을 다닐 때 독사에 물릴 수 있다는 것에 착안한 기발한 신의 한 수였다. 그는 인디고 청색이 독사를 물리칠 뿐만 아니라 사람들에게 활력을 줄 것이라고 확신했다. 그는 제이컵을 책임자로 고용하고 공동명의로 특허를 신청했다. 하지만 특허 신청은 이런저런 이유로 여러 번 거부되었다. 그러나 그는 포기하지 않았다.

마침내 1873년 5월 20일 리벳을 박아 넣은 남청색 바지의 특허가 승인됐다. 미국 최초의 의류 브랜드인 '리바이스 청바지'가 공식 탄생한 날이다. 그 후 리바이스 청바지는 불티나게 팔렸다. 그런데 바지가 조금 무겁다는 고객의 불만이 있었다. 그래서 리바이는 옷감을 가벼우면서도 질긴 데님으로 바꾸었다. 데님은 프랑스 남부 도시 님Nîmes의 특산물로 고급 면직물이다. 그리고 진Jeans이라는 이름은 데님 청바지를 이탈리아 제노바 선원들이 많이 입어 제노바를 지칭하는 프랑스어 제노바Gênes에서 비롯됐다고 한다.

1890년 청바지의 특허 시효가 만료되자 다른 제조사들도 앞다퉈 진 바지를 만들었다. 첫사랑을 잊지 못해 독신으로 여생을 마친 리바이는 샌프란시스코 유대인 사회의 대부였다. 그는 버클리 대학교에 장학 기금을 28개나 조성하는 등 여러 분야에서 자선 활동을 펼쳤고 재산을 고아원과 양로원 등에 기부하고 1902년 세상을 떠났다.

청바지가 미국을 넘어 전 세계로 전파되다

제1차 세계대전은 청바지가 미국을 넘어 세계 상품으로 발전한 계기가 되었다. 유럽 전선에 참전한 미군들이 진 바지를 즐겨 입었다. 그 후 1934년에는 여성용 청바지가 처음 등장했다. 당시 유럽에서는 여자들이 바지를 입으면 벌금형을 받았다. 그런데 청바지를 입은 미국 여성들의 유럽 여행이 많아지면서 자연스럽게 폐지되었다.

청바지는 1950~1960년대에 제임스 딘, 말런 브랜도, 엘비스 프레슬리, 마릴린 먼로 등 당대 스타들이 즐겨 입으면서 더욱 유명해졌다. 제임스 딘은 영화 「이유 없는 반항」에서 청바지를 입고 형언

영화「자이언트」

배우 제임스 딘이 영화에서 선보인 청바지는 세계 젊은이들 사이에서 폭발적 인기를 끌었다. 사진은 1956년 영화「자이언트」의 한 장면.

할 수 없는 깊고 슬픈 눈빛으로 관객들을 사로잡았다. 이를 계기로 청바지는 일약 자유와 반항의 상징이 되었고 세계 젊은이들 사이에서 폭발적 인기를 끌었다.

청바지는 흔하지만 독특한 매력을 갖고 있다. 대중적이면서 독창적이고 글로벌하다. 또 편하면서 강인한 복장이다. 심지어 청바지는 옷이기 이전에 하나의 사상이요 주의主義를 대표한다. 청바지는 다섯 가지 없음No을 표현한다. 노 클래스(계급 초월), 노 에이지(연령 초월), 노 시즌(계절 초월), 노 섹스(성별 초월), 노 보더(국경 초월). 이렇듯 청바지는 평등사상을 대변하며 계급사회 철폐를 의미한다. 이렇듯 기득권층에 대한 저항의 상징이자 나이는 숫자에 불과하다고 외치는 세대의 평상복이 되었다. 게다가 입을 옷을 고르는 데 소비하는 시간조차 아까운 기업가들에게 청바지는 노 타임(골라 입을 시간이 필요 없음)을 더했다. 실용성과 멋을 모두 지닌 청바지는 남녀노소 모두에게 사랑받고 있다.

유대인들이 미국 의류산업을 장악하다

1820년대부터 1870년대까지 독일 지역에서 미국으로 유대인들이 몰려왔다. 특히 1848년 3월 혁명 실패에 실망한 유대인들이 자유를 찾아 미국으로 건너왔다. 가난한 이민자들은 뉴욕의 봉제업에 종사했다. 그 뒤 러시아 황제가 암살된 1881년 이후 대박해를 뜻하는 포그롬pogrom을 피해 온 동유럽 유대인 200만 명은 뉴욕 항구에 도착하자마자 맨해튼 이스트사이드 남쪽 봉제 공장으로 직행해 일자리와 숙식을 해결했다. 당시 미국 유대인 노동자의 60퍼센트 이상이 봉제업에 종사했다. 그들은 작은 방 하나에 12명이 모여 일주일에 70시간 이상 일했다. 하루 12~15시간 열악한 환경에서 고된 재봉 일을 하고도 일당은 형편없었다.

그 뒤 일부는 돈을 모아 천과 의류 행상을 시작했다. 일부는 옷가게를 열었고 일부는 의류 공장 주인이 되었다. 1888년에는 뉴욕 의류 상회 240곳 거의 모두를 소유했고 1890년에는 뉴욕 의류 공장의 95퍼센트를 소유했다. 1913년에는 공장을 무려 1만 7,000곳이나 소유한 유대인 의류 산업이 뉴욕 최대 산업이었다. 20세기 초까지 철강, 석유와 함께 미국의 3대 산업이었던 의류 산업 종사자의 태반이 유대인이었다. 당시 철강은 J. P. 모건의 '유에스스틸'이 장악했고 석유는 존 데이비슨 록펠러John Davison Rockefeller의 스탠더드오일이 장악하고 있었으니 미국 3대 산업이 모두 유대인 수중에 있었다.

유리와 반도체는
모래 속에서 태어났다

한국경제의 무역 의존도는 2019년 기준으로 63.5퍼센트다. 무역이 우리 경제를 이끌어가고 있는 셈이다. 수출 품목 중 1등은 반도체다. 우리 수출의 5분의 1을 책임지고 있다. 반도체로 만드는 컴퓨터, 디스플레이, 휴대전화, 가전제품, 전기자동차 등 연관 제품들까지 포함하면 그 수치는 폭발적으로 늘어난다. 우리의 먹거리가 반도체에서 나온다고 해도 과언이 아니다.

우리 미래의 경제도 얼마나 반도체를 잘 활용하느냐에 달려 있다. 오죽하면 미국이 중국과 무역 전쟁을 벌이면서 화웨이를 콕 집어 규제하고 반도체 공급을 막고 나섰겠는가. 그런데 지금 우리나라를 먹여 살리는 반도체는 사실 우리가 원조는 아니다. 21세기 경제의 핵심인 반도체의 개발 이면에도 유대인이 있다.

모세의 축복대로 모래에서 보배를 꺼내다

'하느님의 사람 모세가 죽기 전에 이스라엘 자손을 위해 축복함이 이러하니라. (…중략…) 바다의 풍부한 것, 모래에 감추어진 보배를 흡수하리로다.' (「신명기」 33장 1, 19절)

『성경』에 나오는 구절이다. 여기서 모세는 후손들에게 모래를 콕 찍어 가르쳐주며 축복했다. 실제로 모래는 많은 기적 같은 일을 해 냈다. 우선 가나안 사람들은 모래를 갖고 인류 최초로 유리를 만들 었다. 유리에 대한 가장 오래된 기록은 기원전 1세기 로마 플리니 우스Gaius Plinius Secundus의 『박물지』 제36권에 쓰여 있다.

"어느 날 천연 소다를 교역하는 페니키아 상인들이 시리아의 베 리우스 하구 모래밭에서 천연 소다석을 솥의 받침대로 사용하여 저녁 식사 준비를 위해 불을 피웠다. 불길이 너무 강해 소다석과 흰 모래가 한꺼번에 녹았다. 이게 다시 굳으면서 투명한 물체 유리 가 만들어졌다."

그리스 사람들은 가나안 사람들을 페니키아인이라 불렀다. '자주 색 옷을 입고 다니는 사람들'이란 뜻이다. 가나안 사람들은 값비싼 유리 제품 수출로 번영했다. 모세가 말한 축복의 첫 실현이었다.

1세기 때 입으로 부는 대롱 불기 기법이 개발된 이후 유리 공예 품이 대량으로 생산되었다. 로마 시대 유대인 유리 세공업자들은 제조 기법 비밀을 지키기 위해 베네치아 외딴 섬에서 유리 공예품 을 만들어 수출했다. 고구려와 백제 유적에서는 나오지 않는 로마 유리 공예품이 신라 고분에서만 출토되는 것은 이 물건들이 실크 로드가 아니라 해상 교역망을 통해 들어온 것으로 추정된다.

모세의 인도

『성경』에 따르면 모세의 인도로 홍해를 건넌 이스라엘 민족에게 신神은 "바다의 풍부한 것, 모래에 감추어진 보배를 흡수하리라."라는 축복을 내렸다. 로마 시대 유대인 유리 세공업자들은 유리 공예품을 만들어 수출했고 중세 네덜란드의 유대인 공동체는 독보적 유리 연마 기술로 안경, 망원경, 현미경을 만들었다. 현대에 이르러 모래의 주요 성분 규소로 반도체 기반의 증폭기 '트랜지스터'를 고안해낸 것은 미국의 유대인이었다. 19세기에 활동한 덴마크 화가 크리스토퍼 빌헬름 엑커스베르크의 유화 「홍해를 건넌 뒤 쉬는 이스라엘인들」. (출처: 위키피디아)

유리가 안경과 거울로 진화하다

모래로 만든 유리가 우리 인간에게 베푼 축복은 많았다. 유리는 건물의 유리창에 쓰였고 1세기 그리스 천문학자 프톨레마이오스Klaudios Ptolemaeos는 유리로 돋보기를 만들었다. 그 뒤 13세기 이탈리아의 한 수도사는 유리를 이용해 안경을 만들었다. 안경은 많은 사람에게 좀 더 밝은 세상을 보여주었다. 베네치아의 거울 제조 기술

쾰른의 4세기 로마 시대 유리컵

고도로 발전된 로마 시대 유리 세공 기술을 보여준다. 뮌헨 유물 컬렉션 소장. (출처: 위키피디아)

이 12세기에 발달하기 시작해 1317년 베네치아의 한 유리공이 유리 뒷면에 수은 아말감을 부착시킨 거울을 만들었다. 이로써 사람들은 자기 모습을 확실히 볼 수 있게 되었다. 고가의 거울은 베네치아 공국에 막대한 부를 안겨주었다. 거울 만드는 방법 역시 오랫동안 비밀에 부쳐졌다.

현대에도 유리와 거울의 활약은 눈부시다. 발명왕 토마스 에디슨Thomas Alva Edison이 만든 전구와 필라멘트가 전기를 빛으로 바꾸었다. TV나 컴퓨터 모니터도 모두 유리에 기반을 두고 있다. 거울 역시 다방면에서 맹활약 중이다. 거울과 렌즈를 결합해 탄생한 게 카메라이다. 또 거울은 우리 눈에 보이는 가시광선뿐만 아니라 전자기파도 반사한다. 이 원리를 이용한 레이저는 프린터, 광통신, 바코드 등에 다양하게 활용되고 있다.

유리의 진화는 유대인들을 통해 계속 이루어졌다. 16~17세기 네덜란드 유대인 공동체는 보석 무역을 독점해 독보적인 보석 및 유리 연마 기술을 갖고 있었다. 그렇다 보니 안경 직공 역시 많았다. 그들이 볼록렌즈와 오목렌즈를 이용해 망원경과 현미경을 만들어 눈에 안 보이던 작은 것과 멀리 있는 것은 보게 해주었다. 이로써 과학과 의학이 크게 발전할 수 있었다. 망원경을 최초로 발명한 사람은 1608년 네덜란드의 안경 직공이었던 한스 리퍼세이Hans Lippershey다. 이듬해 개발된 갈릴레오 갈릴레이Galileo Galilei의 망원경은 우주의 비밀을 풀어내며 지구가 우주의 중심이 아님을 알게 해주었다. 천동설이 지동설로 바뀌는 순간이었다.

1660년경 네덜란드의 안톤 판 레이우엔훅Antoni van Leeuwenhoek이 오목렌즈와 대물렌즈를 이용해 100~300배 배율의 현미경을 만들어 미생물과 세균들을 관찰했다. 이후 현미경은 의학과 물리학 발전에 결정적인 역할을 했다. 1660년 유대교 사회에서 추방된 스피노자Spinoza는 렌즈 갈이로 생계를 유지하며 광학에 관심을 가져 그의 철학에 과학적 사상이 반영되었다.

모래에서 추출한 실리콘이 정보화 시대를 열다

모래의 축복은 계속되었다. 모래의 주요 성분인 실리콘(규소)으로 반도체가 만들어졌다. 실리콘은 지구 지각에서 산소 다음으로 풍부한 원소이다. 1930~1940년대 라디오와 TV 등의 진공관은 부피가 크고, 전기 소비가 많고, 자주 꺼져 수시로 교체해야 했다. 미국 최대 통신회사 AT&T는 진공관을 대체할 깨지지 않고 오래가는 전자 증폭기를 원했다. 이를 해결한 과학자가 바로 유대인 윌리엄 쇼클리William Bradford Shockley였다.

그는 반도체 기반의 증폭기 곧 트랜지스터의 기본개념을 고안해 내 1948년 벨연구소에서 진공관을 대체한 트랜지스터가 탄생하였다. 그리고 원료가 게르마늄에서 실리콘으로 바뀌면서 트랜지스터가 대량생산되었다. 쇼클리와 그의 동료 2명은 '반도체 연구와 트랜지스터 효과 발견'에 대한 공로로 1956년 노벨물리학상을 받았다. 그 뒤 쇼클리로부터 독립한 페어차일드사가 트랜지스터 회로를 실리콘웨이퍼에 집적시킨 '실리콘 집적회로'를 개발했다. 그 후 반도체는 화려한 정보화 시대를 열었다.

실리콘 탄생 배경에는 6·25 전쟁이 있다

실리콘밸리 탄생 이면에는 6·25 전쟁이 한몫했다. 당시 스탠퍼드대학교에는 제2차 세계대전 때 하버드대학교 전파연구소를 이끌었던 프레더릭 터먼Frederick Terman 교수가 있었고 대학 인근에는 방위산업단지가 있었다. 이런 연유로 한국전쟁이 발발하자 스탠퍼

윌리엄 쇼클리

트랜지스터 개념을 고안한 유대인 엔지니어 윌리엄 쇼클리(가운데) 교수.

드대학교는 유명 대학들을 물리치고 군과 협력하는 전파연구소가 대학 내 설치되었다. 당시 미군은 소련 비행기와 잠수함 그리고 핵무기를 주시할 필요가 있었다. 한국전쟁이 레이더 정보 수집 등 전자전 양상을 띠고 있었기 때문이다.

미국 정부의 막대한 연구 자금을 지원받은 스탠퍼드대학교는 실리콘밸리를 조성하는 첫발을 내디딘다. 1953년 80만 평 부지의 스탠퍼드 연구단지가 건립되었다. 터먼 교수는 학생들에게 창업을 장려했다. 그는 대학 소유 지식재산권을 창업하는 학생에게 과감하게 이양하는 정책을 단행해 학생들이 대학 소유 기술을 이용해 창업할 수 있도록 적극적으로 도왔다. 터먼 교수의 정책 덕에 벤처 기업들과 벤처캐피털이 모여들었다. 이들이 성장하면서 터먼 교수 제자가 만든 휴렛패커드HP를 비롯한 IT 기업들이 설립되어 실리콘 밸리 탄생으로 이어졌다. 1970년대 미국 반도체 회사 45개 가운데 페어차일드와 인텔 등 40개가 실리콘밸리에 모여들었다. 새로운 세대의 등장으로 실리콘밸리는 신기술을 주도해 정보화 시대를 열었다. 모세의 축복이 실현되고 있는 곳이 실리콘밸리다.

스탠퍼드 연구단지의 성공 모델은 우리나라에도 많은 영향을 끼쳤다. 박정희 대통령 시절 미국 정부는 베트남전 파병에 대한 감사의 표시로 개발 차관과 과학연구소 설립 원조를 제의했다. 이때 한국 정부는 스탠퍼드 연구단지의 성공을 한국에서도 실현하기 위해 터먼 교수를 초청했고 1971년 한국과학기술원과 대덕연구단지를 설립했다.

이건희의 집념으로 반도체 신화를 쓰다

삼성의 반도체 산업 진출은 이병철이 1983년에 선언했다. 하지만 그 뿌리는 1974년 이건희에게서 시작되었다. 당시 30대의 이건희는 반도체가 가져올 미래에 대한 확신이 있었다. 그는 아버지에게 반도체 산업 진출을 건의했다가 무산되자 사재 4억 원을 털어서 파산 직전의 한국반도체 지분 50퍼센트를 인수했다. 이건희는 아버지에게 반도체의 미래에 대한 설득을 멈추지 않았다. 마침 이병철이 18년 만에 미국 나들이를 할 일이 생겼다. 이건희는 실리콘밸리 견학을 주선해 아버지를 모시고 갔다.

이병철이 충격받은 것은 휴렛패커드 사무실이었다. 직원들이 컴퓨터 한 대로 계산, 기획, 보고까지 거의 모든 일을 해내고 있었다. 두 눈으로 직접 보니 정신이 확 들었다. 컴퓨터와 반도체가 예상보다 빠르게 핵심 산업으로 클 것을 직감했다. 이병철은 결심했다. '반도체 사업은 나의 마지막 사업이자 삼성의 대들보가 될 사업이다.' 미국에서 돌아오자마자 불도저 같은 추진력으로 인재를 끌어모아 1983년 2월 반도체 사업에 본격적으로 뛰어들었다. 바로 그해 말 미국과 일본에 이어 세계 세 번째로 64KD램 개발에 성공했다. 공장도 지어지지 않았을 때다. 그러나 유대인 모래의 신화로 비롯된 성공의 작은 씨앗이 한국에 뿌리내린 분기점이 되었다.

모래에서 추출한 실리콘이 반도체를, 반도체가 실리콘밸리를, 실리콘밸리의 구글, 페이스북 등 많은 유대인 기업이 주축이 되어 인류의 미래를 만들어가고 있다. '모래에 감추어진 보배를 흡수하리로다'의 축복은 현재진행형이다. 축복의 과실을 유대인뿐만 아니라 우리 한국인도 나누고 있다.

유대인 젊은이들이 IT 산업을 이끌다

실리콘밸리에서 태어나 크게 성장한 구글, 페이스북, 페이팔 등의 공통점 중 하나는 바로 유대인 젊은이들의 도전이 성공으로 이어졌다는 점이다. 이들 이외에도 유대인 젊은이들이 일군 IT 기업들은 많다. 오라클, 이베이, 선마이크로시스템, 링크드인, 트위터, 퀄컴, 델, 넷스케이프, 왓츠앱, 옐프, 야머, 징가, 세일즈포스닷컴, 텀블러, 슬라이드 등 일일이 헤아리기조차 힘들다. 그들은 성공 후 벤처 기업을 지원하는 벤처캐피털도 많이 만들어 창업 새싹들을 지원하고 있다.

유대인들은 서로서로 밀어주고 당겨주는 공동체 정신, 곧 단결력이 놀라우리만큼 강하다. 오죽하면 그들을 마피아라고 불렀겠는가. 페이팔에 참여했던 피터 틸Peter Thiel, 맥스 레브친Max Levchin, 제러미 스토플먼Jeremy Stoppelman, 리드 호프만Reid Hoffman, 데이비드 삭스David O. Sacks, 마크 핀커스Mark Pincus 등 유대인 창업 멤버들이 이베이에 회사를 매각한 후 다시 각자 창업 전선에 뛰어들었을 때 서로 강력하게 도와주는 모습을 보고 언론이 붙인 이름이 페이팔 마피아였다. 그들은 기업 가치가 10억 달러 이상인 유니콘 기업을 다수 탄생시켰다.

나스닥에 상장된 이스라엘 벤처기업 수는 84개로 유럽 전체 77개(2019년 1월 기준)보다도 많다. 실리콘밸리에서 성공한 유대인 기업들이 이스라엘의 벤처기업들을 물심양면으로 적극적으로 지원

놀라운 단결력으로 '페이팔 마피아'로 불렸던 실리콘밸리 젊은 사업가들의 모습.
(출처: 위키피디아)

하기 때문에 가능한 일이다. 그들은 될성부른 새싹을 조기에 발굴
하여 물질적인 자금 지원뿐만 아니라 정보 제공, 인맥 연결, 글로벌
마케팅과 상장IPO 지원 등 디테일한 부분까지 헌신적으로 지원해
성공시킨다. 이를 '헤세드 정신'이라 한다. 히브리어로 '자비' '은혜'
라는 말로 '보상을 바라지 않고 헌신적으로 돕는다.'라는 뜻이다.

보이지 않는 것에 주목해
거부가 되다

1998년이었다. 당시 대통령 선거에서 당선된 김대중 당선자는 새해 첫 공식 행사로 조지 소로스George Soros를 만났다. 왜 한 나라의 대통령이 월가의 대형 금융기관 총수도 아닌 데다 1992년 영란은행을 무너트린 외환 투기꾼을 만났던 것일까? 국제 금융시장에 대한 그의 막강한 영향력 때문이었다. 당시 우리나라는 1997년 말 외환위기 때 국제통화기금IMF으로부터 급히 구제금융을 빌려야 했다. 그래서 김대중 대통령은 국제 금융계 큰손들을 초청해 한국에 대한 투자와 외환위기에 대한 조언을 부탁했다. 바로 그 첫 번째 인물이 조지 소로스였다.

1930년 헝가리에서 태어난 소로스는 어린 시절 독일군과 소련군의 부다페스트 시가전을 목격하며 컸다. 공습이 잦고 전기가 끊기고 건물이 무너져 내렸다. 전쟁통에 그는 변호사였던 아버지를 도와 암시장에서 물건을 팔고 삼촌의 담배 장사도 거들었다. 무엇보다 문제는 유대인임이 발각되면 언제 잡혀갈지 모르는 처지였다. 그는 야반 탈주를 감행해 런던으로 탈출했다.

그는 런던에서 접시 닦기와 페인트공 등 닥치는 대로 일했다. 철도 짐꾼으로 일하다 다리가 부러지기도 했다. 9년간의 영국 생활은 배고픔과 고난의 연속이었다. 그런데 주목할 점은 그런 어려운 시기에도 아리스토텔레스Aristoteles, 에라스뮈스Desiderius Erasmus, 토마스 홉스Thomas Hobbes 같은 철학자의 책들을 온 마음으로 읽었다는 사실이다. 그는 1949년 수영장 안내원으로 일하면서 읽은 책이 칼 포퍼Karl Popper의 『열린 사회와 그 적들』이었다. 이 책은 그를 충격에 빠트릴 만큼 날카로운 통찰로 가득했다.

그는 나중에 런던정경대학교에 입학했는데 마침 그곳에는 세계적 석학 칼 포퍼 교수가 있었다. 이 유명한 유대인 철학 교수가 소로스의 논문 지도교수였다. 포퍼 교수는 반전체주의, 반마르크스 성향의 우익 사상가이자 양자역학 등 물리학을 철학적 분석 틀로 즐겨 사용했던 '과학 철학자'였다. 칼 포퍼의 사상은 소로스에게 절대적인 영향을 미쳤다. 칼 포퍼는 "영원히 올바른 것은 없다."라며 모든 기존 관념을 거부했다. 그에게 진리란 이성에 의해 비판될 수 있는 것이었다. 그의 사상은 "모든 사상은 불확실하고 인간은 반드시 잘못을 저지른다. 그러므로 잘못을 인정하고 그것을 끊임없이 수정해 가는 열린 사회Open Society야말로 이상적인 사회다."라는 말로 요약된다. 포퍼에 따르면 열린 사회와 반대편에 있는 것이 전제주의 사회와 공산주의 사회다.

칼 포퍼는 "모든 삶은 근본적으로 문제 해결이다."라고 인간의 삶을 정의했다. 그러한 스승의 사상에 적극적으로 공감한 소로스는 그 뒤 포퍼의 사상에 자신의 생각을 더 해 '오류성'과 '상호 작용성'을 토대로 자신의 투자 개념 '재귀성 이론theory of reflexivity'을 완성했다. '오류성'이란 인간은 불완전하여 세상을 인지하는 데 항상 왜곡된 시각을 갖게 되며 전체가 아니라 부분을 보게 된다는 의미이다. 따라서 인간의 지식은 틀리기 쉬우며 다음의 전개를 예측해도 틀릴 수 있다고 봤다. 곧 남은 물론 자신의 판단도 틀릴 수 있음을 항상 인정하고 투자에 임하라는 것이다. '상호 작용성'이란 기대와 현실 속에서 사람과 사람은 서로 영향을 주고받으며 행동한다는 뜻이다.

가격은 수요와 공급 그리고 심리에 따라 결정된다

"가격은 수요와 공급에 따라서만이 아니라 판매자와 구매자의 기대에 따라서 좌우된다."

조지 소로스가 한 말이다. 이렇게 경제학에 심리학을 접목한 '행동경제학'은 고전학파 이론의 가정 자체가 틀렸다고 보았다. 인간은 부분적으로만 합리적이라 오류를 범할 수밖에 없는 인간의 판단과 행동을 가정하는 게 더 합리적이라는 것이다. 그 뒤 그는 고학으로 런던정경대학교에서 철학을 공부하고 동 대학원에서 경제학을 공부한 뒤 1952년에 조기 졸업했다.

그는 힘들게 명문 런던경제대학교를 졸업했지만 취직자리를 구하지 못해 핸드백 세일즈 영업사원으로 사회에 첫발을 내디뎠다.

그러나 이내 자신의 길이 아님을 깨닫고는 헝가리 이민자가 설립한 투자회사에 취직해 증권 재정 거래Arbitrage Transaction를 맡았다. 원래 재정 거래란 어떤 상품의 가격이 시장 간에 서로 다를 때 가격이 싼 시장에서 사서 비싼 시장에 팔아 매매 차익을 얻는 거래 행위를 말한다. '차익 거래'라고도 한다. 이는 리스크 없는 무위험 수익 거래다.

그는 스승과 같은 철학자의 삶을 꿈꾸었다. 그러려면 먼저 돈을 벌어야겠다고 생각했다. 런던 금융시장보다는 뉴욕에서 일하는 게 돈 버는 시간을 단축할 것으로 보았다. 그는 1956년에 '최단 시간 내 50만 달러를 벌어 그 돈으로 철학자가 된다'는 극히 이상주의적 목표를 가지고 월스트리트로 향했다. 월가에서 맡은 일도 차액 거래였다. 당시만 해도 대서양을 사이에 두고 통신 인프라가 빈약해 이른바 정보의 비대칭이 존재하던 시절이다. 런던과 뉴욕에서 거래되는 유럽 증권의 가격 차이를 이용해 그 차익을 챙기는 것이었다. 당시 미국에는 유럽의 증권 사정을 아는 사람이 거의 없었다. 그는 런던 증권회사에서 일했는데 자신의 지식을 살려 점차 이름을 알리고 신용을 구축해 갔다. 이후 그는 월스트리트의 가장 유능한 종목 발굴가 중 한 사람이 되었다.

그럼에도 그의 철학 공부에 대한 열정은 식을 줄 몰랐다. 근무시간에도 틈만 나면 철학 서적을 읽었다. 주말에는 철학과 대학원생의 개인 지도를 받았다. 그는 이미 50만 달러 이상을 모았고 배움에 대한 갈증으로 아예 학교로 되돌아가 3년 동안 철학 공부를 더 했다. 인문 고전을 읽는 천재들의 공통점은 보이지 않는 것의 중요

조지 소로스

성을 안다는 점이다. 일반인들은 보통 보이는 것sight에 주목한다. 그러나 천재들은 보이지 않는 것insight에 주목한다. 통찰력을 의미하는 'insight'는 'sight'에 'in'이라는 접두어가 붙어 있다. 통찰력이란 보이는 것보다 더 깊은 곳에 있는 것을 보는 것이라는 의미일 것이다. 소로스는 일반 군중이 보지 못하는 것을 보려고 노력했다. 특히 해외로 눈을 돌렸다.

연평균 32퍼센트의 경이적인 수익률을 올리다

그가 철학 공부를 하기 위해 월스트리트를 떠나기에는 그 자신이 너무나 주식을 잘한다는 사실을 인정했고 결국 떠나지 못했다. 그는 1969년부터 역외펀드를 개설했고 1971년부터 일본 주식에 투자했을 정도로 글로벌 투자에 일찌감치 눈을 떴다. 그는 헤지펀드 업계 최초로 세계시장 개척에 도전해 글로벌 투자의 원조가 되었다.

1973년 마흔셋이 된 그는 독립을 결심하고 방 두 칸짜리 소형 사무실을 얻어 창업했다. 직원은 그를 포함해 3명이 전부였다. 그의 재귀성 이론은 이른바 효율적 시장가설을 주장하는 주류 경제학파들에게는 "논할 가치도 없는 해괴한 담론"이라는 혹평을 받았다. 하지만 그는 1969년 펀드 운용을 시작한 이래 연평균 32퍼센트라는 경이적인 성과를 냈다.

그는 1982년에 만든 자선기금에 '열린 사회 기금Open Society Fund'이라는 이름을 헌사하여 스승에 대한 예를 표했다. 그리고 그는 자신이 자란 동구의 민주화를 위해 매년 3억 달러 이상을 기부하고 있다. 그가 이제까지 기부한 돈만 430억 달러가 넘는다. 자기가 번 돈의 86퍼센트를 사회적 약자들과 동구의 민주화를 위해 내놓았다. 그의 실체가 투기꾼인지 철학자인지 박애주의자인지는 보는 사람 각자의 몫이다.

소로스는 철학자가 되려고 했다가 부자가 됐다

세계 경제가 출렁이고 있다. 인플레이션이 일어나고 새로운 바이러스의 창궐 우려도 나온다. 그간의 유동성 장세가 만든 버블이 터지기 일보 직전이라는 이야기도 들린다. 겸손한 자세로 자신의 투자를 되돌아보아야 할 시점이다.

사람은 원래 자신이 가지고 있는 생각이나 신념을 확인하려는 경향이 있다. 즉 '사람은 듣고 싶은 것만 듣고 보고 싶은 것만 보는' 특성이 있다. 이를 확증편향confirmation bias이라 한다. 그런데 투자 시장에서는 이러한 자기 확신이 큰 걸림돌이 되어 크게 손해 보는 경우가 많다.

소로스는 철학자가 되기 위해 공부하던 중 『열린 사회와 그 적들』을 쓴 지도교수 칼 포퍼의 이론에 심취했다. 그리고 사회나 개인의 발전은 자신의 오류 가능성을 인정하고 열려 있을 때 비로소 외부와의 상호작용을 통해 발전할 수 있음을 깨닫는다. 그는 이 깨달음을 투자에도 적용할 수 있겠다고 확신했다. 그에 대한 자기 확신이 틀릴 수 있음을 인정하는 '오류성'과 시장과 상호 교류에 의해 자신의 틀린 생각을 교정해 나가는 '상호 작용성'을 토대로 '시장은 극한 상황까지 가서야 제자리로 돌아온다'는 '재귀성 이론'을 완성한다. 소로스는 재귀성 이론을 투자에 적용해 큰돈을 벌었다. 자기 판단이 틀릴 수 있음을 인정하는 겸손한 마음이야말로 그의 투자의 출발점이었다.

유대인 암호학자들이 통화금융 세력에 도전하다

현재 세계 금융은 미국이 주도하고 있다. 미국 금융은 '삼각편대'라 불리는 월가, 재무부, 그리고 연방준비제도이사회FRB가 이끌고 있다. 이 삼각편대의 주도 세력이 유대인이다. 월가 금융기관들 수장도 대부분 유대인이다. 그리고 월가를 관리하고 감독하는 재무부의 수장들 역시 로버트 루빈Robert Rubin 이래 유대인이 차지하고 있다. 역대 연준 의장과 이사들 역시 대부분 유대인이다. 제롬 파월 의장은 유대인은 아니지만 친親 유대 인사이다. 우리 주식투자자들이 매일 아침 미국 금융시장 동태를 살피는 것은 유대인이 이끄는 미국 금융시장이 그만큼 우리 시장을 포함한 세계시장에 미치는 영향이 크기 때문이다.

디지털 화폐는 세상을 어떻게 바꿀 것인가

유대인이 주도해 온 금융통화 시장에 지금 새로운 변화가 일어나고 있다. 그동안 화폐는 두 번에 걸쳐 크게 변화했다. 첫 번째는 '실물화폐'의 등장이다. 대표적인 게 금과 은이다. 두 번째는 '신용화폐'의 등장이다. 1971년 닉슨 쇼크로 달러와 금과의 고리가 끊어진 뒤 달러는 미국의 신용에 전적으로 의존하는 신용화폐가 되었다. 세 번째 변화가 바로 '디지털 화폐' 혁명으로 지금 그 기운이 움트고 있다.

세계 중앙은행의 80퍼센트가 중앙은행 디지털 화폐CBDC, Central bank digital currency를 개발 중이다. 그중 중국이 가장 먼저 중앙은행 디지털 화폐를 출시할 계획이다. 또한 민간 분야에서는 비트코인 가격이 심하게 출렁거리고 있다. 사지 않으면 나만 낙후될 것 같고FOMO, Fear Of Missing Out, 사두면 급락할 것 같은FUD, Fear Uncertainty Doubt 공포가 사람들을 전전긍긍하게 만든다.

디지털 화폐의 대표 격인 중앙은행 디지털 화폐와 암호화폐는 과연 세상을 어떻게 바꿀 것인가?

유대인 암호학자들이 빅브라더에 맞서다

반체제 히피 운동 이후 사이퍼 펑크cypherpunk 운동이 일어났다. 사이퍼 펑크란 '암호cypher'에 저항을 상징하는 '펑크punk'를 붙여 만든 합성어이다. 그들은 군과 정보당국의 전유물이었던 암호 기술을 이용해 거대집단의 감시에 맞서 개인의 프라이버시를 보호하는

암호학자 데이비드 차움

(출처: 데이비드 차움 트위터)

시스템을 개발하기로 했다.

이 운동의 선두에는 유대인 데이비드 차움David Chaum이 있었다. 그는 미국 정부가 감시와 도청으로 칠레 대통령을 권좌에서 쫓아낸 사실을 알고는 빅브라더로부터 개인의 프라이버시를 지켜야겠다고 결심했다. 그는 거래 내역 추적을 막기 위해 암호학을 컴퓨터 공학에 적용했다. 그는 26세의 나이로 암호학자이자 컴퓨터과학자 겸 경영학 박사로 뉴욕대학교 경영대학원 교수가 되자 암호학자들을 결집해야 할 필요성을 느끼고 '국제암호연구학회'를 조직했다.

그는 개인의 프라이버시를 지키기 위해서는 무엇보다 개인들의 자금거래를 추적당하지 않도록 하는 게 급선무라고 판단했다. 그는 신분을 노출하지 않으면서도 거래할 방법을 연구했다. 1981년

'익명 통신'을 개발했고 1983년 거래당사자의 신분을 노출하지 않는 '은닉서명'을 개발해 암호화폐의 뼈대를 만들었다. 그는 1985년에 「빅브라더를 이기는 방법」이라는 논문으로 사이퍼 펑크 운동에 불을 붙였다. 그는 1990년 최초의 암호화폐 이캐시ecash를 개발하여 '디지캐시'라는 업체를 네덜란드에 설립해 운영하다 미국 정부의 견제로 실패했다.

유대인 암호학자들이 이중지불 문제를 해결하다

다음으로 유대인 암호학자들이 풀어야 할 과제가 이중지불 문제였다. 암호화폐는 은행을 거치지 않고 거래하기 때문에 이 문제를 해결해야 했다. 그들은 이 문제를 블록체인 기술로 해결했다. 곧 아담 백Adam Back이 컴퓨터로 특정한 값을 찾는 '작업증명' 알고리즘을 개발해 거래를 증명해주는 '해시캐시' 암호화폐를 설계했다. 닉 재보Nick Szabo는 비트코인의 전신이라 불리는 '비트골드' 백서에서 분산 디지털 화폐 메커니즘을 설계했다. 그는 '스마트 계약' 개념을 선보였다. 할 피니Hal Finney는 재사용 가능한 작업증명을 만들어 'e-머니'를 개발했다. 이렇게 비트코인은 어느 날 갑자기 탄생한 게 아니라 유대인 암호학자들이 30년간의 개발 끝에 만들어진 결과물이다. 유대인은 아니지만 웨이 다이Wei Dai의 '비머니'도 비트코인에 상당한 영감을 주었다.

그들은 비트코인이 통화금융 세력의 패권적 횡포이자 금융 자본주의의 본질적 문제인 신뢰 부족, 빈부 격차, 금권정치, 인플레이션,

비트코인 탄생에 공헌한 유대인 암호학자들

왼쪽부터 데이비드 차움, 아담 백, 닉 재보, 할 피니

통화 교란으로 인한 금융 위기 등에 맞서 싸우는 세계 화폐가 될 수 있다는 믿음이 있었다. 글로벌 금융 위기의 와중인 2009년 1월 3일에 익명인 사토시 나카모토Satoshi Nakamoto는 최초의 비트코인을 공개하면서 금융 위기 실상을 알리는 메시지를 담아 기득권 통화금융 세력에 대한 도전임을 명확히 했다.

사토시는 경제 현상을 교란시키는 인플레이션과 유동성 확대로 인한 금융 위기에 대한 대책으로 비트코인의 발행 수량을 제한했다. 그리고 어느 한 나라의 패권 지향적인 세력들에 휘둘리지 않도록 탈중앙화된 분산원장 기술이 적용되는 비트코인을 만들었다. 오늘날까지 비트코인을 만든 사토시 나카모토가 누구인지는 밝혀지지 않고 있다.

중앙은행의 디지털 화폐가 등장하다

비트코인이 처음 출시되었을 때 많은 사람이 변동성이 커서 교환의 매체나 가치저장의 수단 등 화폐의 본원적 기능을 하지 못해 사기라 생각했다. 비트코인을 사용한 최초의 상업적 거래는 2010년 5월 23일 발생했다. 플로리다에 사는 비트코인 채굴자 라스즐로 핸예츠Laszlo Hanyecz는 온라인에 '누가 내게 피자 두 판을 시켜준다면 비트코인 1만 개를 주겠다'고 제안했다. 한 영국인이 그 제안을 받아들여 25달러를 지불하여 피자 두 판을 라즐로에게 보내주고 비트코인 1만 개를 받았다. 지금 가격으로 환산하면 피자 두 판에 약 7,000억 원(1비트코인 7,000만 원 기준)을 지불한 셈이다.

일부 금융인들은 블록체인 기술의 우수성, 송금의 신속간편성, 저렴한 수수료 등이 매력적임을 알아차렸다. 국제결제은행은 각국 중앙은행들에 암호화폐의 장점을 취해 빨리 중앙은행 디지털 화폐를 개발하도록 주문했다. 이로써 많은 중앙은행이 암호화폐 기술을 모방하여 추적 가능한 '중앙은행 디지털 화폐' 개발에 착수했다. 그런데 가장 빠른 행보를 보인 건 중국이었다.

중국은 이미 4개 도시와 베이징올림픽촌에서 중앙은행 디지털 화폐의 테스트를 마치고 2022년 2월 베이징 동계올림픽 개막식에 맞춰 상용화에 나섰다. 중국의 중앙은행 디지털 화폐는 인터넷이 없는 곳에서도 휴대폰을 서로 부딪치기만 해도 결제와 거래가 가능한 '부딪치기' 기능을 갖고 있어 일대일로一帶一路 국가들과 아프리카 등 개도국으로 빠르게 퍼져나갈 가능성이 크다. 그러자 다른 나라들이 바빠졌다. 유럽과 여타국들도 개발과 테스트를 서두르고

중국의 중앙은행 디지털 화폐

맨 아래 오른쪽에 '부딪치기' 기능이 보인다. (출처: 위키피디아)

있다. 우리나라도 2022년 하반기에 중앙은행 디지털 화폐 도입을 목표로 하고 있고 미국 역시 잰 발걸음으로 개발과 상용화에 박차를 가하고 있다.

미국과 독일 정부에서 금융권과 암호화폐 융합을 추진하다

미국과 독일 정부는 암호화폐를 디지털 자산으로 인정하며 금융권과 암호화폐의 융합을 추진하고 있다. 은행이 암호화폐 보관사업을 하고 암호화폐거래소는 특별허가를 받으면 은행업을 할 수 있도록 했다. 그러자 금과 비트코인의 운명이 바뀌기 시작했다. 그간 금과 비트코인은 달러에 대한 대체재이자 인플레이션 헤지 수단으로 방향성이 같았는데 2020년 10월부터 디커플링되었다. 이는 미국 정부의 금에 대한 규제, 곧 8차례 선물증거금 인상과 레버리지 축소가 진행되면서 기관투자자들이 비트코인 시장으로 옮겨갔기 때문이다.

여기에 J. P. 모건체이스 은행의 송금용 스테이블 코인(달러 연동 암호화폐) 등장, 페이팔과 비자카드의 암호화폐 결제 선언, 유동성 확대로 인한 인플레이션 우려, 리브라 논란, 주식 장기보유 양도세 인상 공약, 테슬라의 가세 등이 비트코인 가격을 끌어올리기도 했다. 2021년 초에는 미국 통화감독청이 은행의 스테이블 코인 결제와 송금을 전격 허용함으로써 암호화폐가 제도금융권 안으로 성큼 들어왔다. 하지만 미국은 암호화폐가 화폐의 영역을 넘본다면 엄격한 규제를 가할 것으로 보인다.

디지털 화폐 사용은 화폐개혁을 의미한다

중앙은행이 발행하는 디지털 화폐가 본격 시행되면 자연스레 화폐개혁으로 연결될 것이다. 구권을 디지털 화폐로 바꾸어 사용해야 하기 때문이다. 그간 지하에 잠겨 있던 종이돈들이 환전을 위해 은행으로 들어가 소유주의 실명을 밝혀야 한다. 현재 세계 지하경제 규모는 국내총생산GDP의 20퍼센트 정도라고 한다. 그럼에도 노출될 수 없는 돈들은 암호화폐로 몰려갈 가능성이 있다. 우리나라의 경우 1,000대 1로 교환을 단행하는 '리디노미네이션(화폐단위 변경)'이 예상되어 화폐개혁의 속도가 다른 나라들보다 빨라질 전망이다.

중국이 디지털 화폐 경쟁에 불을 붙이고 있다

중국은 미국 주도의 국제결제시스템SWIFT에서 독립하기 위해 위안화결제시스템CIPS을 사용 중이며 러시아 또한 루블화결제시스템 SPFS을 완성했다. 중·러 양국 간 무역은 2016년 달러 거래 비중이 90퍼센트 이상이었으나 40퍼센트대로 줄었다. 여기에 인도도 가세했다. 또한 2018년 브릭스BRICS 정상회의에서 5개국이 블록체인 기술을 공동으로 연구하기로 했다.

유럽 또한 디지털 화폐의 표준화를 추진 중이다. 중앙은행 디지털 화폐가 대세가 되면 유럽연합EU과 브릭스 등 경제블록별 디지털 화폐와 더불어 민간 분야의 스테이블 코인과 암호화폐 등이 함께 어우러지면서 세계 통화의 분권화와 다양화가 예상된다. 게다가 클릭 한 번으로 외국 디지털 화폐를 사고파는 시대가 오면 패권국이 기축통화를 공급하던 공급자 중심 시대에서 세계 시민들이

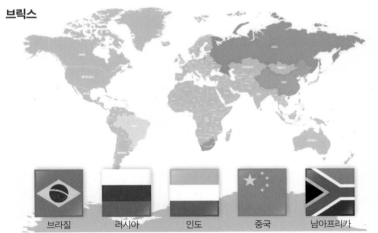

브릭스

브라질　　러시아　　인도　　중국　　남아프리카

2018년 브릭스 정상회의 때 5개국 국책개발은행들이 블록체인 기술을 공동 연구하기로 했다.

선호하는 통화를 직접 선택하는 고객 중심 시대로 바뀔 가능성이 있다. 우리가 주목해야 할 점은 이러한 화폐 혁명의 변곡점에 서 있다는 사실이다. 변화에 끌려가지 않으려면 변화를 앞서서 이끌어야 한다.

세계 화폐는 많은 경제학자의 꿈이다

우리가 자본주의 대표 경제학자로 알고 있는 존 메이너스 케인스 John Maynard Keynes도 『통화개혁론』과 『화폐론』을 쓰며 줄기차게 세계 화폐를 주장했다. 제1차 세계대전 직후인 1918년에 열린 파리강화회의에서 케인스는 독일에 과도한 배상금을 물려서는 안 된다고 역설했으나 거부되었다.

그는 회의에 참가한 각국 정치인들이 이기적인 자국 정치 논리를 앞세워 경제를 무시하는 무지한 행태에 충격을 받고 분노했다. 케인스는 독일에 물린 혹독한 배상금으로 인해 전무후무한 인플레이션이 발생할 것이고 독일 국민을 빈곤으로 내몰아 '극단적인 혁명'이 일어날 것이라고 예상했다. 전제주의 시대와 새로운 전쟁을 예감한 것이다.

케인스는 이듬해에 쓴 저서 『평화의 경제적 결과』에서 연합국 지도자들을 강력하게 비판하며 '가장 중요한 문제는 정치가 아니라 금융과 경제라는 사실을 한 사람이라도 제대로 이해했더라면…… 아직 시간이 있을 때 흐름을 이로운 쪽으로 돌려놓아야 한다.'라고 주장했다. 케인스의 예견은 그대로 현실화되었다. 결국 독

프리드리히 하이에크와 밀턴 프리드먼

일에 대한 거액의 전쟁 배상금은 화폐 발행량 증가→초인플레이션
→히틀러의 등장으로 연결되어 제2차 세계대전을 일으켰다. 이 모
든 사건의 원인은 인플레이션이었다. 제2차 세계대전이라는 참화
는 케인스의 선견지명이 거부된 결과이기도 했다.

　1944년 브레턴우즈 회의 때 영국 대표 케인스는 무역 정산 때만
이라도 세계 화폐 '방코르Bancor'를 쓰자고 제안했다. 그는 미국이
패권적 기축통화를 고집하면 재앙이 올 수 있다고 경고했다. 무역
전쟁이 환율전쟁으로 치달아 실제 전쟁이 발생할 수 있다는 이유
에서였다. 하지만 이 역시 미국에 의해 거부되었다.

　패권국의 기축통화에 휘둘리지 않는 화폐를 주장했던 경제학자
는 케인스뿐만이 아니었다. 1976년에 경제학자 프리드리히 하이에
크Friedrich Hayek도 저서 『화폐의 탈국가화』를 통해 중앙은행이 아니
라 민간 주체들이 화폐를 발행해야 한다고 주장했다. 또 유대인 경

제학자 밀턴 프리드먼Milton Friedman 역시 저서『화폐경제학』서문에서 '미래의 화폐는 어떤 형태를 가지게 될 것인가?'라는 질문을 던졌다. 그는 미래의 화폐는 '과연 컴퓨터의 바이트bite일까?'라고 자문자답하여 디지털 화폐를 예견했다.

4장

기술 문명의 발달을
이끌다

와이파이와 블루투스 원천기술을 발명하다

"라마가 없었다면 구글도 없었다."

구글은 2015년 헤디 라마Hedy Lamarr의 101번째 탄생일을 맞아 헌정 영상에 쓴 추모 글이다. 그는 유명한 여배우이자 와이파이와 블루투스 등의 원천기술을 발명한 과학자였다. 헤디 라마의 삶은 그 자체가 한 편의 영화였다. 제1차 세계대전이 발발한 1914년 11월 헤디는 오스트리아–헝가리 제국의 수도 빈의 유대인 가정에서 외동딸로 태어났다. 은행가 아버지와 피아니스트 어머니 사이에서 태어나 어릴 적부터 빼어난 미모를 자랑했다.

헤디의 부모는 어린 시절 그에게 많은 이야기를 들려주고 피아노와 발레 등도 배우게 했다. 특히 헤디의 아버지는 은행 일로 바빴지만 틈만 나면 함께 숲속을 거닐면서 또는 도서관 난로 옆에서 재미있는 동화를 들려줬다. 그는 기술에도 관심이 많아 어린 헤디와 산책하면서 주변 물체들이 어떻게 움직이는지 그 작동원리를

헤디 라마의 101번째 생일 헌정 영상

구글두들은 2015년 11월 8일 배우 헤디 라마의 101번째 생일을 기념하며 헌정 영상을 만들었다. 그 안에는 '라마가 없었다면 구글도 없었다.'라는 추모 글을 넣었다.

쉽게 설명해주었다. 인쇄기가 어떻게 작동해 글이 인쇄되는지, 가로등에 불이 어떻게 켜지는지, 자동차의 엔진은 어떻게 움직이는지, 전차는 어떻게 길 위를 달릴 수 있는지 그 원리에 대해 가르쳐주었다.

그러자 어린 헤디는 아버지 책상 아래에 작은 무대를 만들어 혼자 동화를 연기하곤 했고 다른 여자아이들과는 달리 5세 때부터 기계의 작동원리에 관심을 보였다. 인형이 춤추는 뮤직박스의 원리를 알기 위해 분해했다가 다시 조립하곤 했다. 지적 호기심이 넘쳤다. 조금 크자 시계를 분해한 후 조립했고 학교에 들어가서는 화학 과목을 좋아해 실험에 열 올리는 등 과학자적 소양을 보이며 발명가들에게 매료되기 시작했다. 그리고 이때 헤디가 배운 피아노는 훗날 그의 과학적 업적에도 크게 기여하게 된다.

헤디 라마

오스트리아 태생의 미국 유대인 배우 헤디 라마. 영화 「삼손과 데릴라」 등으로 큰 성공을 거둔 화려한 이미지의 여배우였지만, 동시에 과학과 발명에 천재적 소질을 보였다. 제2차 세계대전 때 연합군을 도울 방도를 고민하다 수중 무선 유도 어뢰의 명중률을 높이기 위한 주파수 도약 기술을 개발했다. 이 기술은 동일한 주파수 대역에서 다중 사용자가 동시에 접속할 수 있도록 하는 퀄컴의 CDMA(부호분할 다중접속) 기술 개발에 큰 영향을 미쳤다. 그리고 오늘날 휴대전화, 와이파이, 블루투스, 전 지구 위치 파악 시스템GPS 등의 원천기술로 적용되고 있다. (출처: 위키피디아)

낮에는 배우로 밤에는 과학자로 살다

헤디는 16세에 영화계에 진출해 1933년 18세 때 체코슬로바키아의 영화 「엑스타시」에 출연해 섹시한 장면으로 세간의 화제가 되었다. 하지만 헤디는 화려한 이미지와 달리 어릴 적부터 사색과 토론을 즐기는 성격이자 과학에 천재적 소질이 있었다. 그는 배우가 된 뒤에도 외모로 유명해지기보다 두뇌를 활용한 업적으로 평가받고 싶었다. 그는 뛰어난 실용 발명가였다. 신호등 디자인 개선, 물에 녹아 탄산수가 되는 알약 개발, 거동이 불편한 사람이 욕조에서 쉽게 나올 수 있게 해주는 장치 등 실생활에 필요한 실용적인 발명에 몰두했다.

그러나 성인이 된 헤디의 삶은 순탄치 않았다. 오스트리아에서의 불행한 결혼 생활과 나치 치하에서 유대인 박해에 시달리던 나머지 영국으로 탈출했다. 거기서 미국 MGM 영화사 설립자 루이 메이어Louis Burt Mayer를 만나 다시 배우의 길로 들어서게 된다. 이때 루이의 권유로 이름을 바꾸었다. 유대인 '헤드비히 키슬러'에서 미국 배우 '헤디 라마'가 되었다. 그녀는 당시 영화 제작자이자 가장 빠른 비행기를 만들고 있었던 하워드 휴즈Howard Hughes에게 사각형 날개 대신 공기 저항을 최소화하는 유선형 날개로 바꾸라고 조언해주기도 했다. 새와 물고기 모양에서 영감을 얻었다고 한다. 하워드 휴즈는 헤디의 아이디어를 기반으로 여러 종류의 쾌속 비행기를 생산하는 데 성공했다.

헤디는 1938년 영화 「알지어즈」의 히트로 유명 스타가 되어 히트작을 연속으로 쏟아냈다. 특히 1940~1941년에는 너무 많은 영화를 찍다 보니 각성제를 먹어가며 강행군하기 일쑤였고 밤늦게 녹초가 돼 귀가했다. 그럼에도 헤디는 발명에 대한 열망에 불타 배우 일보다 연구에 더 열정을 쏟아부었다. 이 시기에 새벽까지 연구하며 마침내 세기적 발명품을 개발해냈다.

연합군의 승리를 위해 주파수 도약 기술을 개발하다

그 무렵 헤디는 되도록 유대인 신분을 감추려 했다. 하지만 유대인

주파수 도약기술 특허 신청서

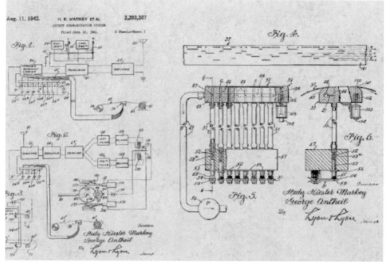

헤디 라마와 조지 앤타일이 낸 주파수 도약기술 특허 신청서 (출처: 위키피디아)

의 적인 히틀러가 제2차 세계대전을 일으키자 연합군을 도울 수 있는 일을 찾기 시작했다. 1940년 여름 피난민이 탄 영국 여객선 이 독일 잠수함 유보트의 어뢰에 맞아 격침됐다는 소식에 헤디 라 마는 큰 충격을 받았다. 70명의 어린이를 포함해 293명이 사망했 다. 독일 잠수함 유보트는 해상권을 장악해 승전을 앞두고 있었다. 히틀러가 연합군을 이기게 놔두어서는 안 되겠다고 생각했다.

헤디는 이런 시국에 할리우드에서 배우로 돈을 번다는 게 불편 했다. 그는 워싱턴D.C.로 가서 신설된 발명가협회에서 일할까를 진지하게 고민했다. 연합군을 도울 방도를 고민하다가 혼자서라도 독일 잠수함 어뢰의 성능을 능가하는 어뢰를 개발해야겠다고 생각 해 연구에 뛰어들었다. 헤디의 아이디어는 방해받지 않는 무선조

영화 「삼손과 델릴라」

세실 B 드밀 감독의 1949년작 영화 「삼손과 델릴라」에 삼손역 빅터 마추어(왼쪽)와 함께
델릴라로 출연한 헤디 라마. (출처: 파라마운트픽처스)

종 어뢰였다. 헤디는 이를 연구하는 과정에서 무선조종에는 반드
시 보안이 필요하다는 걸 깨달았다.

그 후 헤디는 잠수함이 수중 무선 유도 어뢰를 발사할 때 적함이
알아차리지 못하도록 주파수 혼동을 일으키는 방법을 연구했다.
하나의 주파수로 신호를 전달하면 적이 그 주파수를 찾아내 교란

할 위험이 있지만 여러 개로 분산시키면 알아낼 수 없다는 점에 착안했다. 이렇게 되면 어뢰 명중률은 100퍼센트가 될 게 확실했다.

헤디는 이를 연구하던 중 피아노의 공명 원리에 착안해 작곡가 조지 앤타일George Antheil과 함께 함선과 어뢰가 주파수를 바꿔가면서 통신을 주고받는 '주파수 도약 기술'을 개발했다. 이 기술이 혁신적이었다. 설사 적군이 메시지 일부를 도청한다 해도 별문제가 되지 않았다. 이미 새로운 주파수로 바뀌어 정보를 보내기 때문이다. 마침내 1942년 특허를 출원했다. 헤디는 특허가 나자 이 기술을 발명가협회를 통해 미국 정부에 기증했다.

그러나 미 해군은 이 기술에 대해 잘 알지 못했을 뿐만 아니라 제품으로 만들 능력도 없어 사용하지 않았다. 게다가 당시 그가 미국 시민이 아니라 외국인 신분이자 연합군의 적인 오스트리아 출신이라는 이유로 특허 자격마저 몰수했다. 해군에 제출된 특허는 일급 비밀로 봉해져 발명가 자신을 포함해 누구도 쓰지 못 하게 해 전쟁 기간에 세상에서 사라지고 말았다.

해군은 헤디에게 발명은 전문가에게 맡기고 미국을 돕고 싶다면 전쟁 채권을 팔라고 권했다. 그는 기술이 채택되지 않은 것에 좌절하지 않고 전쟁 채권 판매 투어에 참여해 채권도 잘 파는 한편 야광 개 목걸이와 콩코드 항공기 설계개선 등 발명 활동도 계속했다.

전쟁이 끝난 후 헤디의 「삼손과 데릴라」가 큰 성공을 거두었다. 그는 44세 은퇴할 때까지 클라크 케이블Clark Gable과 로버트 테일러Robert Taylor 등 유명 배우들과 30여 편의 영화를 찍었다.

한국이 라마가 만든 CDMA를 최초로 상용화하다

그의 특허기술은 빛을 보지 못하다가 1950년대 후반부터 재조명됐다. 1957년 펜실베이니아 전자공학 시스템국 기술자들은 이를 응용해 보안시스템에 활용했다. 또한 이는 주파수 도약이 미사일 기술의 기본개념이 되던 1962년 쿠바 미사일 사태 당시에 다시 응용됐다. 헤디 라마의 도청 방지 아이디어를 이용한 전화기로 루스벨트 대통령과 처칠Winston Churchill 총리가 통화를 했다. 이는 세계 최초의 디지털 전화 접속이었다. 헤디의 주파수 도약 기술과 이를 응용한 보안시스템에서 데이터 전송과 이동통신 연결망, 더 나아가 인공위성, 휴대폰, 무선인터넷이 탄생했다.

헤디의 주파수 도약 기술은 미군이 비밀문서를 해제하면서 누구나 사용할 수 있게 되었다. 마침내 이 발명품은 전자 시대가 열리면서 통신 혁명의 토대가 되었다. 주파수 도약 기술은 동일한 주파수 대역에서 다중의 사용자가 동시에 접속할 수 있는 퀄컴의 CDMA(부호분할 다중접속) 기술 개발에 큰 영향을 미쳤다. 1996년 한국이동통신(현 SK텔레콤)이 최초로 이 기술을 상용화했다.

주파수 도약 기술은 오늘날 휴대전화, 와이파이, 블루투스, 전 지구 위치 추적 시스템GPS 등에 원천기술로 적용되고 있으며 해커로부터 컴퓨터를 보호하는 데 없어서는 안 될 기술이 되었다. 우리가 편리하고 안전하게 인터넷을 사용할 수 있게 된 것은 헤디 라마 덕분이다. 안타깝게도 그는 특허로 아무 금전적 이득도 얻지 못했다.

헤디는 은퇴 후 플로리다에서 은둔생활을 했다. 그의 발명을 뒤늦게 알아본 사람들이 온라인에 글을 올리기 시작하자 헤디의 업적은 세간에 알려지게 됐다. 1997년 헤디 라마와 조지 앤타일은 CDMA 기본원리를 발명한 공을 인정받아 미국 전자개척재단으로부터 '개척자상'을 받았다. 헤디의 수상소감은 단 한마디였다.

"때가 왔군요."

같은 해 말 헤디는 발명가를 위한 오스카상인 벌비BULBIE 상을 받은 최초의 여성이 되었다. 3년 후 2000년 헤디는 86세의 나이로 숨을 거뒀다. 유언에 따라 유골은 사랑하는 아빠와 함께 걷던 오스트리아 빈 숲에 뿌려졌다.

2004년 독일은 헤디의 생일인 11월 9일을 공식적으로 '발명가의 날'로 선포했다. 에디슨처럼 잘 알려진 발명가들뿐만 아니라 헤디 라마처럼 역사가 제대로 평가해주지 못했던 이들을 함께 기억하기 위함이었다. 그 후 2014년 헤디는 미국 발명가 명예의 전당에 오름으로써 '할리우드 명예의 전당'과 '발명가 명예의 전당' 두 곳에 모두 이름을 올린 최초의 인물이 되었다.

[더 읽을거리]
유대인 아빠는 밥상머리 교육과 베갯머리 이야기를 한다

유대인 아빠들은 자녀가 어렸을 때 절대 밖에서 외식하지 않고 집에 들어와 자녀와 함께 저녁 식사를 하며 여러 이야기를 나눈다. 또 자녀가 잠자리에 들면 베갯머리에서 15분 이상 책을 읽어준다. 자녀에게 하느님의 말씀을 가르치려는 것도 있지만, 자녀가 무엇에 호기심을 보이는지 알아내려는 것도 있다.

그들은 하느님이 인간을 창조할 때 각자의 영혼에 걸맞은 달란트를 같이 주셨다고 믿는다. 자녀가 자신의 달란트를 찾아낼 수 있도록 옆에서 도와주는 것이다. 유대인 아빠들이 성인식(남자 13세, 여자 12세) 이전의 자녀들에게 밥상머리 교육과 베갯머리 이야기를 하루도 거르지 않는 이유이다.

컴퓨터를 계산기계에서 논리기계로 발전시키다

오늘날의 컴퓨터를 만든 사람은 컴퓨터 공학자가 아니라 수학자인 존 폰 노이만John von Neumann이다. 유대인 루이스 뱀버거Louis Bamberger와 그의 여동생 캐럴라인 뱀버거 풀드Caroline Bamberger Fuld의 기부금으로 설립된 프린스턴 고등연구소는 평생 자신이 하고 싶은 일을 할 수 있는 꿈의 연구소이다. 그 첫 종신교수로 임명된 사람이 바로 아인슈타인Albert Einstein과 폰 노이만이다. 둘 다 유대인이다. 아인슈타인이 대중들에게 더 잘 알려졌지만 폰 노이만이 우리 실생활에 더 많은 도움을 주었다. 폰 노이만은 수학자이자 동시에 화학, 물리학, 생물학, 컴퓨터공학, 경제학, 통계학에도 정통했다.

폰 노이만은 원자폭탄과 수소폭탄 개발에 결정적 공헌을 했을 뿐만 아니라 핵무기 개발을 돕기 위해 탄생한 컴퓨터를 보고 그 원시적 작동 방법에 일대 혁신을 가해 현대식 컴퓨터를 만들었다. 그 외에도 그는 경제학의 '게임이론'을 처음으로 창안했을 뿐만 아니

폰 노이만

폰 노이만이 프로그램 내장 컴퓨터에 관해 특허를 내지 않은 덕분에 컴퓨터 기술은 인류의 공동자산이 되었다. (출처: 위키피디아)

라 물리학의 양자역학에 공헌했고 오늘날 인공지능 개념의 창시자이다. 어떻게 한 사람이 그렇게 다양한 분야의 위대한 업적들을 이루어낼 수 있었을까?

천재는 태어나지 않고 교육된다

존 폰 노이만은 1903년 헝가리 부다페스트에서 부유한 유대 금융인의 맏아들로 태어났다. 존을 위대한 과학자로 만든 건 그의 아버지 막스 노이만의 정성이었다. 막스는 유대인답게 밥상머리 교육에 철저했다. 그는 저녁 식사뿐만 아니라 점심에도 집에 들어와 어린 자녀들과 함께 식사하며 많은 이야기를 나누었다. 막스는 긴요한 손님이 있을 때도 외식하지 않고 손님을 집으로 초대해 아이들과 함께 식사하며 어른들의 이야기도 듣게 해주었다. 이런 과정을 거친 유대인 아이는 보통 아이들이 만 4세에 800~900단어를 알 때 이미 1,500단어 이상을 인지한다고 한다. 그 후 차이는 더 벌어진다.

존의 할아버지는 7개 언어에 능통했다. 유대인들은 박해를 피해 떠돌이 생활을 하다 보니 외국어 습득과 남다른 지식을 보유해야 살아남을 수 있다고 믿었다. 막스 노이만도 그의 아이들을 위해 불어, 라틴어, 영어, 수학 가정교사들을 집에 모셨다. 존의 언어 습득 능력과 지적 호기심이 남다른 것을 발견하고는 다양한 학문을 조기 교육시켰으며 아들이 읽고 싶어하는 책들을 많이 사주었다. 그런데 아들의 지적 호기심이 너무 열정적이라 웬만한 책들로는 지적 욕구를 채울 수 없었다. 막스는 아예 경매에 나온 도서관을 낙찰받아 아들 방을 책으로 가득 찬 서재로 만들어주었다. 탐구열이 강한 존은 46권짜리 세계사 전집과 백과사전 등을 자연스레 통째로 암기해버리는 신기를 선보이곤 했다.

아버지 덕에 존은 어려서부터 독서 몰입도와 이해도가 남달랐다. 존은 문사철(문학, 역사, 철학) 모두에 흥미를 느꼈지만, 특히 수학에 대한 이해가 빨랐다. 그가 구석에서 벽을 향해 서 있으면 무언가에 몰입해 생각하는 중이었고 돌아서면 그 문제를 해결했다는

AVIDAC

'애니악' 같은 초기 컴퓨터는 거대한 방 하나를 다 채울 정도로 덩치가 큰 계산기였다. 하지만 중앙연산장치에 기억장치를 붙여 미리 저장된 프로그램을 실행하고 데이터를 처리하는 '폰 노이만 구조'가 적용되면서 비로소 '뇌'를 갖게 된다. 미국 일리노이주 아르곤 국립 연구소에서 1953년 가동되기 시작한 폰 노이만 구조의 컴퓨터 'AVIDAC'을 조작하는 컴퓨터 과학자 진 F 홀의 모습 (출처: 미국 에너지부·위키피디아)

뜻이었다. 존은 8세에 영재 김나지움에 들어갔다. 학생들의 70퍼센트가량이 유대인이었는데 훗날 동창 중에 많은 노벨상 수상자를 배출했을 정도로 천재들과 함께 공부했다. 그중에서도 존은 군계일학이었다. 8세 때 미적분을 마스터했으며 10세 때 한 학년 선배인 유진 위그너Eugene Wigner(1963년 노벨물리학 수상자)에게 집합론과 정수론을 가르쳐줄 정도였다.

존에게 더 이상 가르칠 게 없다고 판단한 수학 선생님은 당대의 수학자 세괴 가보르Szegő Gábor에게 고등미적분을 배우게 했다. 존은 12세 때 대학원 수준의 함수론을 독파했으며 17세 때 이미 수학 논문을 쓰기 시작해 수학자로서 이름을 날렸다.

대학입학 후 5년 만에 3개 전공과 박사학위까지 끝내다

존은 부다페스트 대학 수학과에 진학하고 싶었으나 아버지는 당시 눈부시게 성장하는 화학공학을 택해주길 바랐다. 존은 자신의 희망과 아버지의 뜻을 모두 충족시킬 방안을 찾았다. 1921년 부다페스트 대학에 진학해 수학을 전공하는 한편 취리히 스위스연방 공대에서 화학공학을 전공하는 것으로 본인과 아버지의 희망을 충족시켰다. 존은 취리히 대학교에 가기 전에 베를린 대학교에서 과학을 미리 배우기로 했다. 부다페스트 대학교는 시험 때만 출석해 최고 점수를 받았고 주로 베를린 대학에서 수업을 들었다. 그 후 취리히 대학교로 옮겨 화학공학을 전공했다. 동시에 그는 부다페스트 대학에서도 수학 전공 이외에 물리학과 화학도 부전공으로 선택해 5년 만인 1926년에 수학 박사학위까지 끝냈다. 이때 이미 그는 수학기초론과 논리학에서 가장 유명한 수학자가 되었다.

23세에 최연소 교수에 이어 29세에 종신교수가 되다

존은 1926년 23세에 베를린 대학의 최연소 교수가 되었다. 그는 포커 게임을 좋아했는데 1928년 『실내 게임이론』이라는 책을 펴내 게임이론의 창시자가 되었으며 독일 과학자들과 교류하며 수학 이론을 양자론에 적용하여 『양자역학의 수학적 기초』를 펴냈다. 그의 연구주제는 다양했다. 또한 그는 유대인답게 동료 학자들과 함께 연구하는 걸 즐겼다. 둘 이상이 토론하며 함께 연구할 때 개인의 아집과 편견에서 벗어날 수 있고 불꽃 튀는 토론 과정에서 새로운 깨달음과 창의성이 발현되는 등 시너지 효과가 크다고 믿었기 때문이다. 그는 수학을 경제학과 물리학에 접목하여 새로운 이론들을 창시했다. 그의 천재 학자로서 명성은 전 세계로 퍼져나갔다.

1929년 미국 프린스턴 대학교 오스왈드 베블런Oswald Veblen 교수가 양자역학 강의를 해달라고 존을 초빙해 객원교수가 되었고 1932년 프린스턴 고등연구소의 종신 교수직을 제의받아 아인슈타인과 함께 최초 교수진 중 한 명이 되었다. 당시 그의 나이 29세였다. 고등연구소에서 아인슈타인은 우주를 설명할 수 있는 '통일장 이론'을 연구하고 쿠르트 괴델Kurt Godel은 신을 수학적으로 증명하는 연구를 할 때 가장 활발하게 연구논문을 발표한 사람이 폰 노이만이었다. 그는 일생 동안 순수수학 논문 60편을 발표했다. 하지만 그의 관심은 순수 학문에만 머물러 있지 않았다. 응용수학 논문 60편과 물리학, 경제학 등 다양한 분야의 논문 30편을 발표했다.

그렇다고 그가 연구만 하는 모범생은 아니었다. 오히려 사교적이었다. 친구들과 파티를 즐겼으며 음악을 크게 틀어놓고 연구했고 페라리 스포츠카를 타고 다녔다. 폰 노이만은 IBM, 스탠다드오일, GE 같은 대기업과 군과 CIA 대상 컨설팅 업무로 경제적으로도 부유했다. 그리고 1943년 노이만은 '맨해튼 프로젝트'에 참여했다. 그러면서도 친구이자 경제학자인 오스카 모르겐슈테른Oskar Morgenstern과 공저한 『게임이론과 경제행태』를 이듬해 출간해 게임이론 발전에 본격적인 시동을 걸었다.

특허를 포기한 덕분에 IT 산업 성장에 큰 공헌을 하다
그는 미국 육군이 원폭 개발에 필요한 계산을 위해 초대형 계산기 '애니악'을 개발하고 있다는 사실을 알게 되었다. 애니악은 1만 8,000여 개의 진공관과 1,500개의 계전기를 장착한 30톤 무게의 거대한 기계였다. 이 초기 컴퓨터는 계산만 할 줄 알았지 기억 능력이 없었다.

　노이만은 애니악에 문제가 많다고 보았다. 이 컴퓨터에 일을 시키려면 외부 프로그램 방식이라 새로운 일을 할 때마다 사람이 수천 개의 배선판 전기회로를 며칠 동안 다시 세팅해야 했다. 이를 본 노이만은 컴퓨터 공학자도 풀지 못하는 문제를 해결하기 위해 획

폰 노이만과 애드박

폰 노이만과 최초의 프로그램 내장 컴퓨터 애드박 (출처: 위키피디아)

폰 노이만이 개발한 컴퓨터 프로세스

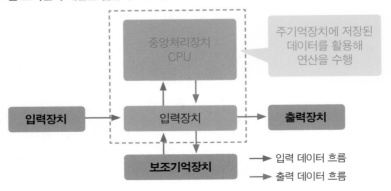

기적인 이론을 개발했다. 바로 '프로그램 내장 컴퓨터'가 그것이다.

중앙처리장치CPU 옆에 기억장치Memory를 붙여 프로그램과 데이터를 저장해 놓았다가 사람이 실행시키는 명령에 따라 작업을 차례로 불러내 처리하는 개념이었다. 이로써 그는 계산기능만 있는 멍텅구리에 뇌를 만들어 붙여 '논리 기계'로 탈바꿈시킴으로써 컴퓨터에 생명력을 불어넣었다. 이렇게 해서 1950년에 탄생한 에드박EDVAC이 최초의 프로그램 내장 컴퓨터였다. 스마트폰을 포함한 현재의 컴퓨터를 '노이만 방식'이라 부른다. 노이만 방식 이후 인터넷과 디지털 기술이 급속히 발전했다.

노이만은 프로그램 내장 컴퓨터에 대한 특허를 내지 않아 연구 업적이 고스란히 인류의 공동자산이 되었다. 덕분에 현대식 컴퓨터는 빠르게 전파되어 IT 산업을 빠른 속도로 발전시켰다. 그가 특허를 냈다면 IBM 수익의 반은 폰 노이만 몫이라는 이야기가 있다. 그 후 폰 노이만은 수소폭탄 실험 참가 때 피폭되어 골수암과 췌장

암에 걸렸다. 그는 죽음을 앞두고도 연구에 몰입했다. DNA, RNA 구조를 최초로 예견하고 생물체와 기계의 결합 연구를 통해 인공지능 연구의 창시자가 되었다. 하지만 연구를 완성치 못하고 53세에 눈을 감았다. 그의 사후 미완성 연구들이 『컴퓨터와 뇌』라는 책으로 출간되어 후학들에게 방향을 제시해주었다.

라디오 방송과
텔레비전 시대를 열다

오늘날 방송이 가능한 것은 독일의 개종 유대인 하인리히 헤르츠
Heinrich Hertz가 1887년 공기 중에 '전파'(전자기파)라는 것이 존재
한다는 사실을 알아냈기 때문이다. 이를 기초로 이탈리아인 굴리
엘모 마르코니Guglielmo Marconi가 1897년 모스 부호를 이용해 무선
신호를 주고받을 수 있는 전신기를 발명했다. 그리고 1906년 캐나
다 출신의 미국 무선 공학자 레지널드 페선던Reginald Aubrey Fessen-
den이 전파에 음성을 실어 전달하는 기술을 개발했다. 라디오의 기
원이었다. 그 후 라디오 방송의 상업화를 이끈 사람이 데이비드 사
노프David Sarnoff였다.

기존에서 새로운 가능성을 발견하다
천재는 새로운 것을 만들어내는 사람이 아니라 기존에 존재하는

데이비드 사노프

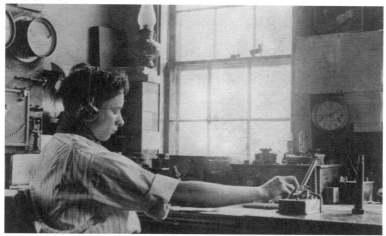

젊은 시절의 데이비드 사노프. 미국 매사추세츠주 동쪽 바다 난터켓섬의 전신 사무소에서 전신을 보내고 있는 젊은 시절의 데이비드 사노프. 러시아 민스크 태생의 유대인 이민자였던 사노프는 아버지를 일찍 여읜 뒤 고학하며 가족을 부양하다가 전보 배달부를 거쳐 독학으로 모스 부호를 익혀 17세에 무선 전신 기사가 됐다. 1912년 4월 타이태닉호 침몰 사고 때 뉴욕의 해안 전신소에서 SOS 메시지를 받아 전파하며 생중계하듯 침몰 소식을 전하며 이름을 알리기 시작했다. 그는 1921년엔 권투 헤비급 세계 타이틀전의 인류 최초 라디오 중계를 성사시키는 등 무선 전자 기기 회사 RCA와 방송사 NBC의 회장을 지내며 20세기 중반 거대한 미디어 제국을 지배한 라디오와 텔레비전의 아버지가 됐다. (출처: 게티이미지 코리아)

것에서 새로운 가능성을 발견하는 사람이라는 말이 있다. 데이비드 사노프가 그랬다. 그는 미래를 내다보는 통찰력으로 라디오 시대와 TV 시대를 열었다. 그보다 먼저 라디오 방송과 TV 방송을 시작한 사람들이 있었지만 공공성에 무게를 두었다. 그러나 사노프는 엔터테인먼트를 전면에 내세워 방송의 대중화를 끌어냈다. 현재의 방송 산업이 있기까지는 선구자 데이비드 사노프의 통찰력 덕분이었다.

데이비드 사노프는 러시아 민스크 지방에서 태어났는데 어린 시절 신동으로 소문났다. 그의 부모들은 그를 『탈무드』 학자가 되는 공부를 시켰다. 하지만 유대인 박해가 심해지자 1900년 그의 부모들은 아홉 살 된 데이비드를 데리고 미국 이민을 왔다. 아버지를 일찍 여의고 가장이 된 그는 고학으로 신문팔이, 심부름꾼, 짐꾼, 유대 회당에서 예배 중 노래하는 일을 하며 가족의 생계를 책임졌다. 그러다가 15세 때 학교를 그만두고 전보 배달부가 되었다. 그런데 전보 배달부보다는 전보 기사가 돈을 더 많이 번다는 사실을 알았다. 그는 첫 월급으로 전신 기구를 샀다. 그는 독학으로 모스 부호를 배워 월급이 훨씬 많은 '아메리칸 마르코니' 무선 전신 회사에 사환으로 취직했다. 그 후 그는 무선 기술을 인정받아 17세의 나이에 무선 기사로 승진해 주로 선박과 해안 전신소에서 근무했다.

그러던 그에게 기회가 찾아왔다. 1912년 4월 14일에 영국을 떠난 한 척의 대형유람선이 빙산과 충돌하여 좌초했다. 이때 뉴욕의 해안 전신소에서 근무 중이었던 사노프가 그 배로부터 SOS 메시지를 받았다. 그 배는 다름 아닌 유명 인사 2,200여 명이 탄 타이태닉호였다. 우선 현장에 구조선들이 급파되도록 조치하고 즉시 사방에 그 소식을 알렸다. 그리고 그때부터 3일간 밤낮으로 사건 현장의 구조선에서 전달되는 700여 명의 생존자 명단 등을 『뉴욕타임스』 등 미디어에 내보내며 침몰 과정을 생중계했다. 안타까운 사고였지만 사노프는 맡은 책임을 훌륭히 해냈다. 주고받은 무선 신호를 분석한 기고문을 신문에 실어 자신의 이름을 알렸다.

혁명적인 아이디어가 일축당하다

사노프는 마르코니 회사에서 고속 승진을 하며 세상을 뒤바꿔놓을 아이디어를 내놓았다. 오늘날의 라디오 개념을 처음 생각해낸 것이다. 동일한 무선주파수를 사용한다면 일대일 통신이 아니라 동시에 여러 명이 수신할 수 있다는 데 착안했다. 특히 사노프 아이디어의 혁명적인 부분은 '보내는 내용'에 있었다. 사노프는 1915년 '라디오 뮤직박스'에 대한 계획서를 경영층에 제출했다.

"저는 지금 무선을 통해 음악을 가정에 보내자는 것입니다. (…중략…) 그 수신기는 간단한 라디오 뮤직박스(오늘날의 라디오) 형태로 만들 수 있으며 여러 가지 다른 파장에도 맞춰서 꾸밀 수 있습니다."

그때까지 라디오는 메시지 전달 기구로서 주로 해운업에서 쓰였고 일부는 아마추어 동호회에서 취미로 사용되고 있었다. 그런데 사노프의 계획서에는 라디오가 피아노나 전화처럼 가정에서 사랑받는 새로운 가정용품이 될 것이라고 적혀 있었다. 회사 경영층은 이 아이디어를 상업의 상 자도 모르는 어처구니없는 생각이라며 일축해 버렸다. 안타까운 일이었다. 그 후 세계 최초의 라디오 방송국이 1920년에 개국한 것을 보면 1915년의 그의 선견지명은 너무도 탁월한 것이었다.

라디오 방송과 텔레비전 시대를 열다

세월이 지나 1919년 GE가 마르코니사를 사서 RCA(Radio Corporation of America, 무선통신 전자제품회사)를 만들었다. 새 회사에서 사노프는 영업부장을 맡았다. 1920년 세계 최초의 방송국 필라델 피아 KDKA가 개국하자 사노프는 마음이 바빠졌다. 그는 오래전부터 생각해왔던 상업성 라디오의 가능성을 스스로 증명해 보이기로 했다. 사노프는 무선통신을 즐기는 애호가들을 상대로 '인류 최초의 라디오 중계방송'을 감행했다. 1921년 7월 2일 세계 헤비급 타이틀매치 권투 중계를 한 것이다. 놀랍게도 30만 명이 '자체 제작한 수신기'로 사노프의 중계방송을 들었다.

그는 1921년 총지배인으로 승진하자 자신이 7년 전에 제안했던 '라디오 뮤직박스'를 실현하자는 계획서를 다시 회사 경영층에 내놓았다. 그의 아이디어는 받아들여져 음악뿐만 아니라 뉴스, 스포츠 중계 등이 시간대별 프로그램으로 방송될 수 있게 고안된 라디오 뮤직박스가 만들어졌다. 그의 기술이 바탕이 되어 1922년 RCA는 라디오를 대량 생산하여 보급했다. 라디오를 전국적으로 보급한다는 그의 계획을 처음에는 모두 반신반의했지만 야구 중계가 시작되자 순식간에 250만 대가 팔려나갔다. 라디올라Radiola로 불린 이 기계는 75달러에 팔리며 RCA는 돈방석에 앉았다. 사노프의 라디오는 새로운 소식을 전하며 사람들에게 활기를 불어넣었다. 그의 방송은 대공황과 세계대전으로 인해 침울했던 20세기 중반 미국 사회에 희망을 가져다주는 중요한 역할을 했다.

사노프의 다음 목표는 라디오 프로그램이 전국에 방송될 수 있는 네트워크 시스템을 구축하는 일이었다. 그는 1926년 계열사로 NBCNational Broadcasting Company 방송국을 설립해 전국을 상대로 라디오 방송을 시작했다.

라디오 수신기 '라디올라' 초기 제품

데이비드 사노프의 아이디어에서 시작돼 1920년대 미 RCA가 개발·판매한 라디오 수신기 '라디올라' 초기 제품. 켜고 끄는 스위치, 볼륨, 주파수 조절 노브만 달린 디자인은 이후 대량 생산된 라디오의 표준으로 자리잡았다.

텔레비전 시대를 예고하고 실현하다

사노프의 다음 관심은 1923년에 특허를 받은 텔레비전에 꽂혔다. 그는 이를 상업용으로 키울 수 있다고 보았다. 그는 1923년 RCA 제작자 회의에서 TV 시대의 출현을 예고했다.

"저는 라디오로 들을 뿐만 아니라 눈으로 볼 수 있는 텔레비전의 시대가 멀지 않아 오리라 믿습니다. 아마 미래에는 모든 가정에 TV가 설치될 것입니다."

하지만 경영층의 반응은 미온적이었다. 그 후 최초의 상업용 TV 수신기가 1939년에 나온 걸 고려한다면 1923년의 그의 혜안은 놀라웠다.

RCA가 개발한 최초의 비디오테이프와 레코더 광고

『타임』1954년 2월 15일자에 실린 광고. RCA가 개발한 최초의 비디오테이프와 레코더 광고에 직접 등장한 사노프 당시 RCA 회장. 미 시사주간지 『타임』1954년 2월 15일자에 실린 광고. (출처: 위키피디아)

사노프는 대공황으로 어려운 와중인 1930년 RCA 사장으로 승진했다. 그는 최고경영자가 되고서야 비로소 자신의 생각을 실천에 옮길 수 있었다. 대공황으로 매출이 반감하는 경영난에도 불구하고 TV라는 새로운 분야에 투자를 대폭 늘렸다. 마침내 RCA는 TV 수상기를 만들어 1939년 세계박람회에서 선보이며 루스벨트 대통령의 개막연설을 생중계했다. 이어 등장한 사노프는 다음과 같이 선언했다.

"이제 우리는 소리에 영상을 더합니다. 저는 온 사회에 그 영향이 미칠 수 있는 새로운 기술이 태어남을 겸허하게 발표하려 합니다. 우울한 이 시대에 희망의 횃불이 되어 세상을 밝힐 수 있는 기술을 말하는 것입니다. 또한 이것이 모든 인류에게 도움을 줄 수 있도록 그 창조적 위력을 사용하는 법을 배워야 합니다. 기계·전자공학의 발달이 빚어낸 이 기적은 한편으로 아메리카의 새로운 산업으로서 발돋움할 것입니다. 그리고 텔레비전은 미국의 경제생활의 중요한 요소가 될 것입니다."

사노프의 연설은 미국에 전자식 텔레비전 상업방송 시대의 도래를 선언한 것이었다.

미국 반독점 규제로 TV 기술이 급속도로 확산되다

1941년 NBC 방송국은 최초로 상업용 텔레비전 방송을 시작했다. 하지만 TV 보급이 한창일 때 제2차 세계대전이 터졌다. 그러자 사노프는 자원입대해 준장으로 통신부대를 지휘하다 종전과 함께 예편했다. 전쟁 뒤 그가 이끄는 텔레비전 방송 산업은 다시 활기를 띠기 시작했다. 그는 1954년 컬러TV 개발과 보급에도 성공했다. NBC는 텔레비전용 영화를 처음 제작하여 새로운 길을 제시하는 등 그가 추진했던 사업이 연달아 성공했다. 그는 1970년 79세로 은퇴할 때까지 무려 23년간 회장으로 재직하며 RCA를 세계적 대기업으로 키웠다.

텔레비전이 세계적 산업으로 크는 데는 미국 법무부의 공로도 한몫했다. 1954년 이전까지만 해도 RCA는 라디오와 텔레비전 부문 특허 1만여 개를 가지고 특허 판매 사업을 하고 있었다. 미국 법무부는 이러한 독점을 깨기 위해 1954년에 RCA를 기소했고 1958년 반독점 행위에 대한 규제가 시작됐다. 이는 사실상 전 세계에 텔레비전 기술을 급속히 확산시키는 계기가 됐다. 덕분에 일본, 독일, 한국의 전자 산업이 크게 성장했다.

상상력과 창의성의 결정체
영화산업을 일으키다

"상상력이 지식보다 더 중요하다."

아인슈타인이 강조했던 말이다. 영화야말로 상상력과 창의성의 결정체다.

　미국의 영화산업은 관련 종사자만 50만 명으로 미국의 5대 산업 가운데 하나이자 고부가가치 산업이다. 「아바타」와 「어벤져스 엔드게임」은 세계적 돌풍을 일으켜 각각 순이익만 28억 1,000달러와 28억 달러에 달했다. 현대자동차가 순이익 28억 달러를 내려면 2만 달러짜리 쏘나타 280만 대(순이익률 5퍼센트 적용)를 수출해야 한다. 이 영화들은 인간의 상상력과 창의력이 빚어낸 문화콘텐츠 산업의 위력을 여실히 보여주었다.

할리우드의 탄생 주역이자 영화산업의 핵심이 되다

1910년을 전후해 유대인 영화제작자들이 뉴욕과 뉴저지를 떠나 서부의 할리우드로 이동했다. 할리우드가 영화산업의 메카가 된 주요 이유는 세 가지였다. 영화산업 초창기에는 필름의 감도가 낮고 조명의 광량도 형편없어 자연광이 풍부한 서부가 동부보다 영화 촬영에 훨씬 유리했고 서부가 세금이 저렴했고 노동조합에 가입하지 않은 값싼 노동력을 확보할 수 있었다. 마침 때맞추어 서부 개척을 테마로 하는 서부영화가 유행하기도 했다. 무엇보다 뉴욕의 에디슨이 주도하는 영화협회의 각종 규제와 간섭에서 벗어날 수 있었다. 이후 1914년의 제1차 세계대전으로 영화 제작이 곤란해진 유럽 영화제작자들이 할리우드로 몰려들면서 세계 영화 제작의 메카가 되었다. 거기에 미국 등 각국 정부는 영화가 대중에 대한 선전도구로 효과적임을 깨닫고 '전쟁 지원 홍보'와 '아메리칸 드림' 등의 국가 이미지 창출 도구로 활용하면서 할리우드의 성장세는 빨라진다.

제1차 세계대전 이전만 해도 미국에는 100개 이상의 영화제작사가 난립해 있었다. 이때 유대인들이 경기 불황으로 힘든 영화제작사들을 통폐합해 7대 회사로 만들었다. 유니버설 스튜디오를 시발로 파라마운트, 20세기폭스, MGM, 워너브라더스, 컬럼비아영화사 등 7대 영화사 가운데 6개를 유대인이 설립했다. 나머지 디즈니월드는 비록 창업자는 유대인이 아니지만 역대 경영자들은 모두 유대인이었다. 1936년 조사에 의하면 할리우드 제작자 85명 중 53명이 유대인이었다.

왜 찰리 채플린은 미국에서 추방당했는가

초기 할리우드 영화계에서 가장 유명했던 유대인 영화배우는 찰리 채플린Charles Chaplin이었다. 그는 무성영화 시대의 주역이었다. 꽉 낀 웃옷과 헐렁한 바지로 유명한 채플린의 영화는 무성영화였기에 언어와 관계없이 누구나 공감할 수 있었다. 그는 배우이자 영화감독이었으며 또한 제작자였다. 조지 버나드 쇼George Bernard Shaw는 채플린을 '영화산업에서 나온 유일한 천재'라고 평가했다.

하지만 미국에 '각계각층에 숨어 있는 공산주의자들을 색출하자'라는 매카시즘의 광풍이 불자 유대인들의 피해가 컸다. 특히 영화계에서만 300명이 넘는 유대인 배우, 작가, 감독이 급진적 사회주의자나 공산주의자로 의심되어 자리를 잃었다. 당시 많은 유대 지식인들이 진보성향을 보여 요주의 인물이 많았다. 마릴린 먼로

찰리 채플린 동상

스위스 브베에 세워진 찰리 채플린 동상이다.

Marilyn Monroe의 남편으로 유명한 극작가 아서 밀러Arthur Miller, 클래식과 뮤지컬을 넘나드는 작곡가 겸 지휘자 레너드 번스타인Leonard Bernstein, 시인 겸 극작가인 베르톨트 브레히트Bertolt Brecht, 찰리 채플린 등이 대표적인 피해자였다. 채플린은 사회비판 영화를 제작했다가 공산주의자로 몰려 영화 상영이 중단됐고 영화 홍보차 외국에 나갔다가 귀국을 거절당해 스위스에서 살다 거기서 생을 마쳤다.

왜 유대인 중 사회주의자와 공산주의자들이 많았는가

자본주의의 정점에 있는 유대인 사회에 급진적 사회주의자나 공산주의자가 많다는 것이 아이러니컬하게 들릴지 모른다. 하지만 그들의 오랜 디아스포라 생활을 지탱해준 힘이 '능력껏 벌어 필요에 따라 나누어 쓴다'라는 사상이었다. '능력껏 번다'라는 것은 자본주의 효율을 활용하는 것이고 '필요에 따라 나누어 쓴다'는 것은 공산주의 분배 방식이다. 사실 자본주의와 공산주의 모두 유대인들로부터 기인했다. 사회경제학자 베르너 좀바르트Werner Sombart는 1911년 『유대인과 경제생활』이라는 책에서 유대교의 윤리와 정신이 근대 자본주의를 형성했다고 주장했다. 그리고 공산주의 이론을 창시한 마르크스나 공산주의 혁명을 주도한 트로츠키가 모두 유대인이다.

2,000년 이상 유대민족이 뿔뿔이 흩어져 살았음에도 끝내 살아남을 힘은 공동체 정신을 기반으로 한 단결력이었다. 유대인들에

겐 공동체 내 약자를 돌보는 것이 율법의 가장 중요한 기본정신이다. 이를 '체다카'라 부른다. 유대인들이 생각하는 정의이자 평등이 체다카다. 그들은 서로 돕는 디아스포라 수칙을 만들어 고달픈 방랑의 역사 속에서 살아남았다.

어떻게 유대인은 할리우드 대표 감독과 배우가 됐는가

현존하는 영화인 가운데에서 가장 유명한 유대인은 스티븐 스필버그Steven Spielberg일 것이다. 「조스」「ET」「인디아나 존스」 등 초기 SF, 어드벤처 영화는 현재 할리우드 블록버스터 영화 제작의 원형으로 꼽힌다. 그 외에도 「쥐라기 공원」 등으로 관객을 사로잡았다.

그의 영화는 50여 년간 수많은 주제와 장르를 넘나들었다. 이것은 정말 쉽지 않은 도전이다. 그러면서도 흥행 또한 놓치지 않았다. 그는 첫 작품 「조스」로 세계 흥행기록 1위를 차지했으며 「ET」로 7억 9,000만 달러의 흥행을 기록하며 자신의 기록을 깬 뒤 「쥐라기 공원」으로 9억 1,000만 달러를 기록하며 또다시 자신의 기록을 깼다. 그는 세계 흥행기록을 세 번이나 깬 유일한 감독이다. 게다가 흥행에 작품성을 더해 1993년 「쉰들러 리스트」와 1998년 「라이언 일병 구하기」로 아카데미상 감독상을 두 번이나 수상했다. 할리우드에는 이외에도 세실 데밀Cecil B. DeMille, 우디 앨런 Woody Allen, 올리버 스톤Oliver Stone 등 유명한 유대인 감독들이 무수히 많다.

또한 할리우드에는 많은 유대인 배우들이 있다. 유대인 제작자와 감독들이 유대인 배우들을 쓰기 때문이다. 과거에 엘비스 프레슬리Elvis Presley와 함께 한 시대를 풍미했던 가수 겸 배우이자 제작자인 바브라 스트라이샌드Barbra Streisand가 유대인이다. 「원더우먼」의 갤 가돗Gal Gadot, 「아이언맨」과 「셰익스피어 인 러브」의 기네스 펠트로Gwyneth Kate Paltrow, 「가위손」과 「청춘 스케치」의 위노나 라이더Winona Ryder도 유대인이다. 「애정의 조건」과 「사관과 신사」에서 열연한 데보라 윙어Debra Winger는 1971년 이스라엘 키부츠에서 일했고 이스라엘 여군으로 복무하기도 했다. 「레옹」과 「블랙 스완」의 여주인공 나탈리 포트만Natalie Portman은 예루살렘에서 태어나 하버드 대학교 심리학과를 졸업한 엘리트 배우이다. 또 「블랙 스완」의 릴리 배역 밀라 쿠니스Mila Kunis 역시 유대인이다. 「10일 안에 남자친구에게 치이는 법」의 골디 혼Goldie Hawn, 「클루리스」의 알리시아 실버스톤Alicia Silverstone, 「어벤져스」의 스칼렛 요한슨Scarlett Johansson 등과 「섹스 엔드 더 시티」의 사라 제시카 파커 Sarah Jessica Parker 역시 유대인이다.

남자배우로는 게리 그란트Cary Grant, 폴 뉴먼Paul Newman, 율 브린너Yul Brynner가 있다. 율 브린너는 몽골에서 태어난 몽골계 유대인이다. 대를 잇는 유대인 배우들도 있다. 마이클 더글러스Michael Douglas와 그의 부친인 커크 더글러스Kirk Douglas, 「트루 라이즈」의 제이미 리 커티스Jamie Lee Curtis와 그의 부친인 토니 커티스Tony Curtis가 그들이다. 그 외 「아이언맨」과 「셜록 홈즈」의 로버트 다우니 주니어Robert Downey Jr, 「인디아나 존스」 시리즈의 해리슨 포드 Harrison Ford, 「졸업」의 더스틴 호프만Dustin Hoffman, 「해리가 샐리를

만났을 때」의 빌리 크리스탈Billy Crystal, 「메리에겐 뭔가 특별한 것
이 있다」의 벤 스틸러Ben Stiller, 「엑스 파일」의 데이비드 듀코브니
David Duchovny, 「간디」와 「쉰들러 리스트」의 벤 킹슬리Ben Kingsley,
「핫 칙」의 로브 슈나이더Robert Schneider, 「해리포터」의 주인공 다니
엘 래드클리프Daniel Radcliffe, 「콜롬보」의 피터 포크Peter Falk 등이 유
대인이다. 위키피디아 사전에 소개된 유대인 배우만도 343명이다.

세계인의 의식에 절대적인 영향을 끼치다

영화는 다른 어떤 수단보다도 세계인의 의식에 절대적인 영향력을
미치고 있다. 세계에서 상영되는 영화의 절반 이상이 할리우드 영
화다. 할리우드에서 가장 영향력이 있는 집단이 유대인이다. 할리
우드는 처음부터 유대인의 손에서 생겨났기 때문이다. 그리고 영
화야말로 『탈무드』 토론으로 다져진 풍부한 상상력과 창의성이 특
기인 유대인에게 딱 알맞은 분야이기 때문이다.

또한 영화산업은 각자의 위치에서 제작자, 시나리오 작가, 감독,
배우, 배급자, 극장주로서 협업과 분업이 필요한데 유대인들은 강
한 단결력의 인적 네트워크를 바탕으로 협업과 분업에 강하다. 이
러한 강점은 유대인의 전형적인 특기인 독점으로 이어졌다. 그들은
영화산업 전체의 프로세스를 장악하는 독점적 지위를 확보해 영화
산업을 이끌고 있다. 현재 할리우드에서 활동하는 제작자, 작가, 감
독 등의 60퍼센트 이상이 유대인이라고 한다.

5장

창업 생태계를
만들어가다

국방력 강화와 과학자 육성을
한 번에 한다

이스라엘 학생들은 고등학교를 마치고 군 복무를 한다. 남자는 2년 8개월 복무하고 여자는 2년 복무 뒤 대학에 진학한다. 이스라엘군은 국방력 강화라는 본연의 임무 이외에 과학기술 인력 양성이라는 두 토끼를 한꺼번에 잡고 있다.

이스라엘군에는 컴퓨터에 특화된 '맘람'이 있다. 맘람은 '중앙 컴퓨터 처리 부대'를 지칭하는 히브리어다. 그 가운데서도 특히 정보부대인 '시모네 메타임'의 교육을 강화했다. 시모네 메타임은 히브리어로 숫자 '8-200'을 일컫는다. 그래서 8200부대라고도 부른다. 8200부대 복무자들은 군 복무 기간에 군 지정 대학에서 4년간 교육받은 뒤 군에서도 동일한 전공 분야에서 4년간 연구개발을 하게 된다. 이 기간에 새로운 기술을 개발하면 특허를 출원할 수 있다. 이 부대 출신들이 1,000개가 넘는 벤처기업을 세워 신기술 개발로 엄청난 돈을 버는 사례가 속출하면서 학생들은 너나없이 정보부대

이스라엘 군인들의 전투 훈련

이스라엘 군인들이 전투 훈련을 하는 모습. 이스라엘군은 '시모네 메타임' '탈피오트' 같은 엘리트 부대를 통해 고등학교를 졸업하고 입대한 학생들을 최정예 요원으로 길러내고 있다. 군대에서 수년간 창의력, 유연성, 문제 해결력을 키워 실전에서 신속하게 문제점을 파악하고 최선의 해결 방안을 찾아낸다. 또 제대 후에도 끊임없이 신기술을 개발하며 이스라엘 벤처 산업을 이끈다. 군대가 '창업 인큐베이터' 역할까지 하는 셈이다. (출처: 이스라엘방위군 IDF 홈페이지)

를 지망하고 있다. 그런가 하면 천재 자폐증 병사로 구성된 9900 부대도 있다. 그들은 평상시에는 다른 사람과 눈도 마주치기 힘들어하지만 위성사진의 미묘한 변화 판독에는 귀신같은 능력을 발휘한다.

인재들을 애국심 투철한 과학자로 키운다

이스라엘 항공 산업체IAI는 전투기뿐만 아니라 민간 항공기, 미사일 시스템, 인공위성, 그리고 레이더 기반의 전투 시스템 같은 다양한 첨단 설비를 제작하고 있다. 이스라엘 최대 하이테크 업체로

아이언 돔 미사일

가자지구에서 날아오는 미사일을 요격하기 위해 발사된 이스라엘군의 '아이언 돔' 미사일. 적의 단거리 미사일을 공중에서 요격하는 아이언 돔은 이스라엘 최정예 부대 '탈피오트'의 여름방학 과제에서 시작된 결과물이다. (출처: 위키피디아)

이스라엘 방산품 수출의 절반 이상을 담당하고 있다. 1988년에 인공위성 발사를 단 한 번에 성공시킬 만큼 첨단 기술을 지녔다. 그 뒤 군사 첩보위성과 상업용 위성 시리즈를 연속 발사하여 이스라엘을 세계적 위성 강국으로 만들었다. 병기개발청도 1959년 최초의 공대공 미사일을 개발한 이후 미사일 전문 제조 수출 기업으로 자리 잡았다.

이스라엘은 현재 무인 항공기와 드론 분야에서 세계적 기술력을 보유하고 있다. 무인 항공기란 사람이 타지 않는 타격기로 고성능 탄두를 내장하고 목표 지점으로 돌진하는 자폭형 비행체다. 미국의 대테러 전쟁 과정에서 활용도가 높아지면서 가장 주목받는 수출 산업으로 자리잡았다.

이스라엘이 자랑하는 미사일 방어 시스템이 아이언 돔이다. 전천후 이동식 방공 시스템인 아이언 돔은 미니 레이더의 정보 분석과 컴퓨터 통제에 따르는 적외선 유도기기를 장착한 요격미사일로 단거리 로켓과 포탄을 차단한다. 아이언 돔은 다층 미사일 방어체계의 일부다.

이스라엘에서는 징병 연령이 되기 1년 전인 고등학교 2학년부터 남녀 모두 적성, 능력, 심리, 신체검사를 받는다. 검사가 끝나면 신체 점수와 심리 점수에 등급이 매겨지며 개인 인터뷰에서 어느 부대에 지원할 수 있는지 선택지가 주어진다. 이 가운데 모든 면에서 요구 조건을 충족하는 후보들에게는 엘리트 부대에 들어갈 수 있는 응시 자격을 준다.

8200부대(시모네 메타임)는 보통 10대 1의 경쟁을 거쳐 400명으로 압축된다. 그 후 또다시 6개월간 간헐적 테스트를 통해 소수의 최종 선발 인원이 정해진다. 이 부대는 20개월 훈련을 마치고 최고의 과학기술 교육을 통해 전문가로 육성된다. 8200부대는 '웜 바이러스(컴퓨터 시스템을 파괴하는 악성 프로그램)'를 통해 이란의 핵 개발을 저지했다. 2007년에는 8200부대 주도로 시리아의 핵 의혹 시설을 이스라엘 공군이 공습했다. 이스라엘 인터넷 구직란에서는 '8200부대 출신 원함'이란 문구를 자주 볼 수 있다. 그들은 정보부대 출신의 특성상 인터넷 보안과 암호 해독 분야에 특히 강하다.

그런데 이보다 한 차원 높은 부대가 '탈피오트'다. 히브리어로 '최고 중의 최고'를 의미한다. 이 부대는 들어가기가 가장 어렵고 훈련 기간 또한 가장 길다. 매년 영재급 고교 졸업 예정자 1만 명

이스라엘군 정보부대인 8200부대

이스라엘군 정보부대인 8200부대(시모네 메타임) 요원들이 복무하는 모습. 20개월간 훈련을 통해 최고의 과학기술 전문가로 육성된다. 그들은 인터넷 보안과 암호 해독 분야에서 특출 난 성과를 보이고 있다. (출처: 이스라엘방위군IDF 홈페이지)

중에서 수차례 테스트를 거쳐 50명이 엄선된다.

군대가 국가 벤처사업의 핵심으로 자리잡다

탈피오트 창시자는 히브리 대학교의 사울 야치브와 펠렉스 도탄 교수다. 창의력이 왕성한 젊은이들에게 위기관리를 할 수 있는 정신력 함양과 첨단 교육을 병행해 과학 영재 지휘관을 양성하자는 아이디어를 내놓았다. 탈피오트 신병 교육은 6개월 동안 밤 10시까지 강도 높게 진행된다. 이 기간 중 여러 분야를 넘나들며 전략적, 전술적 요구 사항을 끊임없이 스스로 해결토록 하는 훈련을 받는다. 목숨을 건 전투 상황에서 냉정하게 문제를 해결하기 위해서는 경직된 사고보다 창의력과 유연성이 필요하기 때문이다. 그래서 그들은 마치 스타트업에서 하듯 수평적 방식으로 자유롭게 의견을 주고받으며 협동하여 맡은 문제를 해결해낸다.

이 훈련을 마칠 때쯤이면 모든 것이 부족한 군대 환경 속에서도 신속하게 현장의 기술적 문제점을 파악하고 해결 방안을 찾아내는 우수한 인력으로 재탄생한다. 그 후 그들은 히브리 대학교에서 숙식하며 수학과 물리와 컴퓨터공학을 복수 전공한다. 적의 단거리 미사일을 공중에서 요격하는 아이언 돔은 탈피오트의 여름방학 과제에서 시작된 결과물이었다. 보통 2년 반 내지 3년 안에 복수 전공 과정을 수료해야 한다. 탈피오트 수료생들은 주로 공군 산하 컴퓨터 센터인 '맘다스'로 많이 간다. 이곳은 세계 최고 수준의 군사 소프트웨어를 개발하는 곳이다. 그들은 9년 이상을 복무한다.

이러한 초 엘리트 교육과정을 이수하면 '탈피온'이라는 명예를 부여받는다. 제대 후 민간인 사회에서도 초엘리트로 인정된다. 지금까지 배출된 탈피온 1,000여 명은 이스라엘 최고 인재로 여러 방면에서 활약하고 있다.

벤처기업가 80퍼센트가 탈피오트 출신이다

역대 이스라엘 총리 대부분과 이스라엘 주요 기업의 CEO 상당수를 포함해 이스라엘 벤처기업가 80퍼센트가 탈피오트 출신이다.

당초에 탈피오트는 군 현대화 전략의 하나로 추진됐다가 지금은 벤처기업 육성 정책의 핵심 국가 프로젝트로 자리잡았다. 그들은 군대 후배들을 이끌어주는 역할도 한다. 그들의 인적 유대가 이스라엘 비즈니스 인맥의 중요한 네트워크를 형성하고 있다. 이스라엘 고등학생들은 어떤 대학을 진학하느냐 하는 것보다 어떤 군부대를 갈 것인지를 더 중요하게 생각한다. 자신이 가진 재능을 군대에서 키울 수 있기 때문이다. 더욱 주목해야 할 사실은 이스라엘의 창업 정신이 군대에서 형성되고 벤처기술 대부분이 군사 기술을 민간 부문에 응용하는 과정에서 나온다는 것이다.

이스라엘의 군대가 하이테크 벤처의 인큐베이터 역할을 할 수 있는 것은 학생들이 군 복무 기간 혹독한 자기계발 훈련을 받고 스타트업 분위기에서 복무하며 이미 자기 또래의 세계인들보다 몇 배 많은 경험을 쌓기 때문이다. 그들은 어떤 위기 상황에서도 스스로 판단하고 알아서 모든 문제를 해결하도록 훈련받았다. 이스라엘 벤처가 강한 이유는 이런 토양에서 훈련받은 인재들이 창업의 길로 들어서기 때문이다. 나스닥에 상장된 이스라엘 벤처기업 수가 전 유럽의 상장 벤처기업보다 더 많은 이유다.

일찌감치 컴퓨터 전략에 눈뜨다

1973년 4차 중동전쟁은 이스라엘의 승리로 끝났다. 하지만 이스라엘군은 이제 더는 야전에서 지상군, 전차, 심지어는 폭격기조차 쓸모없음을 깨달았다. 앞으로 있을 전쟁은 사이버 전쟁이라고 판단했다. 인공위성과 컴퓨터로 원격 조종하는 미사일과 미사일 방어 시스템이 승패를 가르게 될 것이라고 보았다.

그 후 이스라엘군은 궤도를 전격 수정했다. 재래식 무기가 아니라 컴퓨터로 제어하는 첨단 무기 개발에 주력했다. 그러기 위해서는 소프트웨어 경쟁력이 필수였다. 그 후 소프트웨어 개발과 이를 위한 인재 양성에 초점을 맞추었다. 이스라엘군이 택한 전략은 군의 교육 기능을 대폭 강화하는 것이었다. 이스라엘군은 대학들과 손잡고 인재를 양성하고 있다. 그중 하나가 벤구리온 대학교이다. 벤구리온 대학교는 국방 과학기술 캠퍼스를 별도로 지어 군 교육을 맡았다. 이곳에서는 정보·컴퓨터 부대 병력 수천 명이 학부와 대학원에서 공부할 수 있다. 군이 국가의 컴퓨터 산업 인력 양성에 앞장서고 있다.

실패를 성공의 디딤돌로 삼아
스타트업 강국이 되다

유대인은 하느님이 누구에게나 이 세상에 태어난 목적을 실현하는 데 필요한 재능과 능력을 주셨다고 믿는다. 그들은 하느님이 흙으로 인간을 창조하면서 코에 당신의 생기, 곧 당신의 영혼을 인간에게 불어넣어 주셨으며 그 영혼이 세상에서 거룩히 살 수 있도록 그에 걸맞은 달란트(재능)를 같이 주셨다고 믿는다. 그래서 유대인은 하느님이 나누어준 달란트를 찾아내 갈고닦아 그 분야에 우뚝 서서 세상을 발전시키는 데 일조하는 것이 기대에 부응하는 것이라고 생각한다. 유대인 부모는 자녀가 자신의 달란트, 곧 재능을 찾아낼 수 있도록 최선을 다해 돕는다.

유대인 부모는 자녀가 무엇을 하든 가능한 한 친구와 함께하도록 한다. 이는 서로 돕는 공동체 의식을 어려서부터 키워주기 위함이다. 그래서 유대인들은 공부도 재능 계발도 친구와 함께하며 졸업 후 창업도 친구와 함께하는 경우가 많다. 유대인은 친구의 성공

퍽업나이트

나의 실패를 공유하고 남의 실패에서 배우는 모임 '퍽업나이트FuckUp Nights'. 유대인 공동체에는 실패한 창업자가 재기할 수 있도록 세 번까지 무이자로 빌려주는 전통이 있다. 두 번 정도 망하면 세 번째는 성공 확률이 가장 높다고 보았기 때문이다. 공교롭게도 실리콘밸리 창업자들의 평균 창업 횟수도 2.8회다. 실패를 두려워하지 않는 민족성을 강점으로 이스라엘은 세계 최고 수준의 벤처 창업률을 기록하고 있다. 유대인들의 이런 전통은 '페일콘failcon'이나 '퍽업나이트' 등 대규모 모임을 통해 창업자들이 실패의 교훈을 공유하는 실리콘밸리 문화와도 통한다. 사진은 아르헨티나 부에노스아이레스 '퍽업나이트'의 실패 경험 발표 장면. (출처: 퍽업나이트)

이 자신의 성공이라고 생각해 친구를 헌신적으로 돕는다. 이러한 서로 돕는 공동체 정신이 스타트업의 발전에도 크게 기여하고 있다. 15세기 유대인의 윤리서 『오르호트 차디킴Orchot Tzadikim』에도 이런 생각이 잘 드러나 있다.

'항상 동료들에게 선행을 베풀고 그들의 부담과 괴로움을 덜어주며…… 너는 『토라』를 공부하는 데 도움을 줄 충실한 형제와 친구들을 얻으려고 노력해야 한다. 네 마음이 그들에게 온전히 진실하면, 그들은 너를 사랑할 것이고 너의 행복을 위해 일해줄 것이다.' (19장 27절)

약점을 인정하고 장점을 찾아 키운다

이스라엘 창업 생태계에는 오래전부터 내려오는 전통이 있다. 세계 곳곳에 뿔뿔이 흩어져 방랑하며 살아온 유대인은 서로 돕지 않으면 생존 자체가 불가능했다. 유대인들이 유달리 공동체 의식이 강한 이유이다. 특히 성공한 유대인은 가난한 동포가 자리잡을 수 있게 기금을 조성해왔다. '필요한 사람에게 돈을 빌려주어야 하며 동족에게는 이자를 받지 않는다.'라는 유대 율법을 따른 것이다. 18세기부터 유대인 공동체에는 '무이자 대부 협회'가 있어 실패한 창업자에게 세 번까지 무이자로 빌려주었다. 보통 두 번 정도 망하고 세 번째 창업에서 성공할 확률이 가장 높다고 보았기 때문이다. 실제로 조사를 보면 실리콘밸리 창업자들의 평균 창업 횟수도 2.8회다. 오늘날의 이스라엘 창업 생태계는 이런 전통 위에서 만들어졌다. 그들에게 실패란 성공으로 가기 위한 성장통의 하나이다.

유대인의 또 다른 특징은 자신의 약점을 있는 그대로 인정하고 그 약점에 개의치 않고 강점을 찾아 키운다는 점이다. 하느님은 인간 각자에게 다른 달란트를 주었기 때문이다. 유대인은 약점에 개의치 않듯 실패도 두려워하지 않는다. 실패를 두려워하지 않다 보니 이스라엘의 벤처 창업률은 세계 최고 수준이다. 매년 스타트업 창업이 3,800개 이상으로 인구당 스타트업 비율도 세계에서 첫 손에 꼽힌다. 그 결과 나스닥 상장기업이 98개에 달해 미국과 중국 다음으로 많다. 특히 4차 산업혁명을 이끄는 첨단 기술 분야에서 두각을 나타내고 있다. 코트라KOTRA에 따르면 이스라엘의 인공지능AI 산업 점유율은 미국과 중국에 이어 세계 3위이며 자율 주행

기술도 최강국 중 하나다.

유대인이 주도하는 실리콘밸리에는 실패를 공유하는 문화가 있다. 대표적인 예가 페일콘과 퍽업나이트이다. 주로 스타트업 대표들이 자신이 실패한 원인을 분석하고 그 실패로 배운 교훈을 공유한다. 유대인은 전통적으로 역경이나 실패를 성공을 위한 디딤돌 또는 스프링보드라고 생각한다. 다이빙 선수가 높이 솟구치려고 점프대를 박차듯이 실패를 통해 한 단계 업그레이드가 가능하기 때문이다.

사실 스타트업의 성공 확률은 매우 희박하다. 그래서 기업가치가 10억 달러 이상인 스타트업은 상상 속의 동물인 유니콘이라 불린다. 사실 새로운 분야를 개척하는 기업엔 당연히 실패가 따를 수밖에 없다. 일론 머스크Elon Musk도 "실패는 옵션"이라 했고 제프 베이조스Jeff Bezos도 "실패와 혁신은 쌍둥이"라고 말했을 정도다. 실패했다는 것은 도전했다는 의미이고 도전해야만 혁신이 나오기 때문이다.

실패와 도전에서 혁신이 나온다

여기서 중요한 것은 실패를 비난하지 않는 것이다. 실패를 비난하면 실패를 숨기게 되고 결국 더 큰 문제를 만든다. 실리콘밸리에서 실패는 끝이 아니다. 실패를 통해 성장할 수 있다고 믿는 긍정적인 마인드가 있어야 성공할 수 있다. 유대교의 3대 절기는 모두 조상들의 역경을 되새기는 기념일이다. 유대인은 조상의 역경을 기억

하며 자신들도 인생 고비마다 만나는 역경을 디딤돌 삼아 더 나은 미래를 만들어나가야 한다고 믿고 있다.

벤처기업(스타트업)은 이미 세계 경제의 활력소로 떠올랐다. 벤처 투자 열풍도 거세다. 올 상반기 미국 내 벤처기업에 대한 투자액은 1,500억 달러에 달했다. 이는 지난해 연간 총투자액 1,643억 달러의 91.3퍼센트에 해당하는 수치이자 이전 어느 해보다 많은 투자액이다. 미국뿐만 아니라 전 세계 벤처기업에 투자가 몰리고 있다. 2021년 3분기에 전 세계 벤처기업에 1,582억 달러가 투자되어 역대 최대를 기록했다.

벤처기업에 돈이 몰리는 이유가 뭘까? 한마디로 돈이 되기 때문이다. 다른 어떤 산업군보다 수익률이 높다. 미국의 일부 대학 기금이 대규모 벤처 투자로 연간 50퍼센트 안팎의 수익률을 올렸다. 코트라 실리콘밸리 무역관의 「미국 스타트업 생태계에 불어오는 변화의 바람」 보고서를 보면 벤처캐피털이 아니라 '비전통적 투자자'들인 국부펀드, 뮤추얼펀드, 연기금, 헤지펀드 등이 벤처 투자를 주도하고 있다. 올 상반기 이들이 참여한 거래는 전체 거래액의 약 77퍼센트인 1,233억 달러에 달했다. '큰손'들이 기술 기반 스타트업tech startup 투자로 눈을 돌렸다는 이야기이다. 그들은 벤처캐피털과 달리 마지막 투자 단계의 큰 규모 투자를 선호하며 경영에 깊게 관여하지 않고 절차를 줄여 신속하게 투자하는 것이 특징이다.

성공과 실패가 엇갈리는 스타트업 생태계에서도 이스라엘 정부의 원칙은 흥미롭다. 실패한 창업자가 다시 도전할 때 이스라엘 정부는 첫 창업 때보다 20퍼센트나 더 많은 지원을 해준다는 사실이

다. 실패를 경험한 창업자의 성공 가능성이 더 크다고 보기 때문이
다. 그들은 청년들이 마음껏 도전할 수 있도록 뒷받침하는 것이 기
성세대의 역할이라고 믿고 있다. 그래서 실패하더라도 책임을 묻
거나 비난하지 않는 '다브카Davca' 문화가 창업 국가의 기반이 됐
다. 다브카는 히브리어로 '그럼에도 불구하고'라는 의미로 실패해
도 괜찮다는 뜻이다. 이런 환경 덕분에 어릴 때부터 역경을 극복하
는 힘을 길러온 유대인 청년들은 실패를 딛고 다시 시작하기를 주
저하지 않는다.

실패를 두려워하면 창의력을 잃게 된다

이스라엘의 첨단 기술 산업을 이끄는 100인에 꼽힌 인발 아리엘리Inbal Arieli는 엘리트 정보부대 8200에서 장교로 복무한 경험이 있는 경영인으로 세계를 돌며 이스라엘의 혁신과 스타트업 생태계에 대해 강연하고 있다. 그는 저서 『후츠파』에서 이스라엘이 혁신을 이루어낸 원동력 중 하나로 실수를 두려워하지 않도록 아이들을 양육하는 방식에 주목했다. 실패를 경험해야 곤란한 상황에 대응할 수 있고 실패를 두려워하면 창의력까지 잃게 되므로 심지어 실패를 즐기고 있다고 했다. 그는 또한 이스라엘 군대 문화의 예찬자이다. "혁신적 사고를 배운 최정예 부대 출신이라는 자부심, 사회를 이끄는 네트워킹 주역이라는 긍지, 실패를 두려워하지 않는 기업가정신을 배운 곳이 바로 이스라엘 군대"라고 했다.

미국 투자회사 아크ARK의 슬로건은 "우리는 파괴적 혁신에만 투자합니다We Invest Solely In Disruptive Innovation"이다. 실제로 '파괴적 혁신' 기술을 가진 회사들만 엄선한 '아크 혁신 상장지수펀드'는 2020년에 171퍼센트의 수익률을 거두었다. 이 회사 창립자 캐서린 우드Catherine. D. Wood는 테슬라에 일찍부터 투자하는 등 남다른 안목으로 투자업계에 돌풍을 불러일으키고 있다. 한국에서는 캐서린(캐시) 우드를 '돈나무'라는 애칭으로 부른다. (캐시+우드=돈나무) 그런데 이 회사가 만든 펀드 8개 중 하나가 이스라엘의 혁신적 기술에만 투자하는 '이스라엘 혁신 기술 상장지수펀드'다. 그 정도로 이스라엘에 혁신 기업이 많다. 실패에 굴복하지 않는 도전 정신이 유대인 젊은이들을 혁신적인 벤처기업가로 탄생시키고 있다.

헤세드 정신으로
유대 창업 생태계를 구축하다

유대인은 영원한 유목민족이다. 그들의 역사 자체가 아브라함Abra-ham의 떠남에서 출발했다. 그 뒤 방랑과 이산의 역사는 오늘날까지 이어지고 있다.

유목민족은 척박한 환경에서 고난을 극복해야만 살아갈 수 있는 민족이다. 그들을 정주민족은 절대로 이길 수 없다. 정착 사회에서 곱게 태어나 편하게 자란 민족이 사막과 황야의 시련에 단련되고 생존을 위해서는 물불을 가리지 않는 유목민족을 이길 수는 없는 법이다. 역사가 이를 증명하고 있다.

유대인에게는 단결력이라는 무서운 힘이 있다. 고대부터 이어진 유대인의 디아스포라 수칙의 주요 요점은 '모든 유대인은 그의 형제들을 지키는 보호자이고 유대인은 모두 형제다.'라는 것이다. 이러한 유대인 고유의 공동체 의식이 유대 사회를 발전시켰고 세계 각지의 디아스포라를 하나로 묶어놓았다. 이 원칙은 시대에 따른 개혁을 거쳐 오늘날까지 이어지고 있다. 유대인이 강한 이유 중 하나다. 그들이 동족을 돕는 정신과 방법을 살펴보자.

자선은 최고의 품격이자 의무이다

"남을 도와줄 때는 화끈하게 도와줘라. 처음에 도와주다 나중에 흐지부지하거나 조건을 달지 마라. 괜히 품만 팔고 욕먹는다."

이는 『탈무드』에 근거한 말이다. 유대인에게 자선은 선택이 아니라 의무다. 그것도 종교적 의무다. 유대교에 의하면 사람이 하느님과 관계를 개선할 방법은 세 가지가 있다. '참회, 기도, 자선'이다. 그래서인지 유대인들은 자선을 베풀 때도 하느님 앞에 그 마음가짐을 달리한다. 『탈무드』는 '자선의 품격'을 8단계로 나눈다. 가장 낮은 품격이 속으로는 아까워하면서 마지못해 도와주는 것이다. 하느님 보기에 썩 예쁘지 않은 것이다.

사실 히브리어에 자선이란 단어는 없다. 그들에게 약자를 보호하는 것은 인간이라면 누구나 지켜야 할 마땅한 도리이기 때문이다. 그래서 그들은 자선이라 부르지 않고 정의(체다카)라 부른다.

체다카 품격의 8단계를 보자.

- 1단계 아깝지만 마지못해 도와주는 것.
- 2단계 줘야 하는 것보다 적게 주지만 기쁘게 도와주는 것.
- 3단계 요청을 받은 다음에 도와주는 것.
- 4단계 요청을 받기 전에 도와주는 것.

- 5단계 수혜자의 정체를 알지 못하면서 도와주는 것. 수혜자는 당신을 앎.
- 6단계 당신은 수혜자를 알지만 수혜자는 당신을 모르게 도와주는 것.
- 7단계 수혜자와 기부자가 서로를 전혀 모르는 상태에서 도와주는 것.
- 8단계 수혜자가 스스로 자립할 수 있게 만들어 주는 것.

보상을 바라지 않고 헌신적으로 돕는다

체다카 품격 가운데 최상은 상대방이 자립할 수 있도록 도와주는 것이다. 물론 이것은 물질적 도움만은 아니다. 지식과 정보는 물론 인맥 형성 지원 등 상대방의 자립에 필요한 모든 도움을 망라한다. 한마디로 화끈하게 도와주는 것이다. 보상을 바라지 않고 헌신적으로 도움을 주는 정신을 '헤세드 정신'이라 한다. 이것이 미국에 있는 유대 기업인들이 조국 이스라엘 창업가들을 물심양면으로 돕는 근본적인 이유이다.

고대부터 유대인은 사업이 성공하면 먼저 가족과 친척을 참여시키고 번창하면 동족들을 불러 모았다. 그래서 유대인들은 대부분 친척이 일군 사업에 참여하는 게 오랜 관습이다. 본인이 새로운 사업을 시작할 때도 친척들이 재정적 지원을 한다. 설사 주변의 재정적 지원이 없더라도 앞에서 살펴본 본 대로 유대인 사회의 '무이자 대부 제도'를 활용할 수 있다.

성공한 유대인 기업가들은 보통 지원단체를 조직해 다른 유대인을 돕기 위한 아이디어를 제공하고 기금을 조성한다. 사업자금을 무이자로 빌려주는 제도가 역사적으로 유대인 사회에 존재했다는 것은 매우 특기할 만하다. 이러한 제도는 그들 율법이 명하는 바에 따른 것이다. 율법에는 '필요한 사람에게는 돈을 빌려주어야 한다(「출애굽기」 22:25).'라는 말과 '동족에게는 이자를 취할 수 없다'는 말이 있다. 이러한 전통은 현재까지 이어져 내려오고 있다. 유대인의 성공은 이러한 제도적 뒷받침이 있었기에 가능했다.

대표적인 사례가 유럽에서 18세기부터 있었던 '헤브라이인 무이자 대부 협회'다. 이러한 전통은 유대인들이 미국에 이민 가서도 계속됐다. 성공한 유대인들은 기부금을 내는 걸 당연하게 생각한다. 보통 1만 달러에서 50만 달러가 절반 정도이고 500만 달러가 넘는 금액도 흔하다. 이런 모금단체를 비롯해 각종 커뮤니티 조직이 미국에만 200개가 넘는다. 앞에서 유대인들은 실패를 두려워하지 않고 실패도 큰 자산이라고 했다. 그래서 무이자 대부협회도 실패한 창업자에게 세 번까지 무이자 대부 기회를 준다. 이렇게 동족 간에는 시스템으로 창업을 지원한다. 특히 유대인들은 실패를 경험할수록 성공에 가까워진다는 후츠파 정신이 투철하다. 창업이 활성화될 수 있는 이유다.

실리콘밸리의 창업환경도 여러 번 말하지만 사실 유대인들이 주도하고 있다. 이는 이스라엘과도 긴밀히 연결돼 있다. 로스앤젤레스에 있는 유대인 단체는 무이자로 유대인들에게 사업자금을 빌려주는데 그 회수율이 80퍼센트가 훨씬 넘는다고 한다. 물론 그 자금으로 성공한 사람들은 이자보다 훨씬 많은 금액을 기부해 기금이 불어나고 있다. 이렇듯 유대인들은 그들 스스로 창업 생태계를 꾸려가며 서로 끌어주고 밀어주는 공동체를 이루고 있다. 최근에는 대부보다는 투자가 이들 창업 생태계를 이끌고 있다.

고객 지향주의로 중세 상권을 장악하다

유대인은 떠돌이 민족이다. 그들은 설사 정주민족 내 들어와 살더라도 영원한 이방인이자 아웃라이어다. 아웃라이어란 표본 집단에서 동떨어진 존재를 이야기한다. 소외된 자, 그늘에 가려진 자, 사회에서 매장된 자가 유대인이었다. 그런데 역사는 이러한 아웃라이어에게 뜻하지 않은 기회를 준다. 그것도 황금 기회를. 농경사회에서 축출돼 상업에 눈뜨고 뿔뿔이 흩어지게 돼 글로벌한 민족이 된다. 역사의 아이러니다. 아니, 이것이 역사의 이치다. 뒤집어보면 유대인은 가장 생산성이 낮은 농업에서 퇴출당해 부가가치가 높은 상업과 교역을 했고 상인집단인 길드에서 퇴출당한 다음에 이를 이겨내기 위해 고객 지향주의를 창출했다. 고객지향적인 현대 경영학 이론은 대부분 유대인에게서 나왔다고 해도 과언이 아니다.

중세에 유대 상인들은 가는 곳마다 상권을 장악했다. 그러자 당시 막강했던 상인 조합인 길드로부터 쫓겨났다. 중세 상업은 길드가 정한 원칙을 따르고 있었다. 그것은 '정당'하다고 생각되는 정액의 임금, 가격, 공평한 제도의 추구였다. 여기서 말하는 공평한 제도란 합의에 의해 시장에서의 일정 분배율이 결정되고 이익이 보장되며 생산 한도가 설정되는 것 같은 제도를 가리킨다.

길드로부터 퇴출당한 유대인이 살아가기 위해서는 길드 내 상인보다 더 좋은 물건을 더 싼 값에 공급하면서도 고객 서비스 수준을 더 좋게 해줘야 했다. 한마디로 모든 게 고객의 니즈에 맞춰질 수밖에 없었다. 유대인은 길드의 제약을 받지 않고 오로지 '고객 만족'으로 승부했다. 이는 결과적으로 고객을 유일한 법으로 생각하는 현대 자본주의의 씨앗이 됐다. 길드에서 배제된 유대인이 '착한' 가격으로 중세 상업의 기반을 흔들어놨다. 유대인은 길드가 정한 가격과 이익체계를 해체해버리고 고객 중심의 자유경쟁 체제를 도입했다. 그 통에 오히려 막강했던 길드가 무너졌다.

근대 초 독일권의 한자 상인들이 유대 상인들과 소금 유통권을 갖고 싸우다 무너진 것도 좋은 예다. 한자 상인이 암염으로 유럽 북부 상권을 장악하고 있을 때 유대 상인은 스페인에서 천일염을 들여와 이를 한 번 더 정제해 암염보다 훨씬 싼 값에 공급했다. 당연히 품질 좋고 싼 천일염이 기존 유통을 대체했다. 게다가 유대인은 당시 어음거래를 했는데 한자 상인은 현금거래를 고집하다 시장에서 퇴출당했다. 이로써 유럽의 상권 세력이 바뀌었다.

우리가 유대인 바이어와 거래할 때 조심해야 할 부분이 있다. 바로 초기 계약서를 작성할 때이다. 우리에게 계약은 일의 시작이지만 유대인에게는 일의 완성이다. 유대인은 한 번 맺은 약속인 계약은 철저히 이행한다. 유대교의 특징이 계약의 종교이기 때문이다. 그들에게 계약은 목숨 걸고 지켜야 하는 당위다. 그들이 비단 신과의 계약뿐만 아니라 상업상의 계약도 중시하는 이유다.

좋은 리더는 좋은 질문을 한다

유대인 기업가는 항상 직원과 소통하면서 좋은 질문을 던져 창의적인 토론을 유도하곤 한다. 그들이 사장실 없이 직원들과 함께 앉아 근무하는 이유다.

『탈무드』에는 '혼자서 배우면 바보가 된다.'라는 구절이 있다. 그래서 전통적으로 『탈무드』를 가르칠 때는 질문과 토론 방식으로 가르친다. 이런 방식은 학교 교육도 마찬가지다. 학교 교육 또한 주입식 교육이 아니라 개념을 이해하고 원리를 스스로 깨우치게 하고 있다. 그렇다 보니 수업방식은 질문과 답변으로 구성되며 질문을 매개로 토론이 진행된다.

질문은 준비된 자의 노고의 산물이다. 좋은 질문일수록 그렇다. 질문이 유대인 창의성의 뿌리다. 불꽃 튀는 질문과 토론은 여러 사고방식의 충돌과 융합에 의해 창의성을 길러내는 토양이 된다. 이제는 학문에서뿐만 아니라 기업에서도 융합과 통섭이 요구되고 있다.

유대인 가르침 가운데는 "사람은 잘 배워야 한다. 하지만 수동적으로 배우는 습관을 들여서는 안 된다."라는 말이 있다. 아이가 수동적으로 배우는 습관을 들이면 인간의 천성적인 창의력이 서서히 죽기 때문이다. 『탈무드』는 '교사는 혼자만 알고 떠들어서는 안 된다. 만약 아이가 듣기만 한다면 가르치는 것이 아니라 앵무새를 키우는 것일 뿐이다. 교사가 이야기하면 학생은 그것에 대해 질문해야 한다.'라고 가르친다.

『토라』를 공부하고 있는 유대인

　질문에도 격이 있다. 질문이란 것은 내용을 어느 정도 파악하고 알아야 할 수 있다. 좋은 질문은 좋은 답변을 유도한다. 질문하는 것을 보면 학생의 수준을 알 수 있다. 실제로 유대인 학교에서는 좋은 질문을 하는 학생이 학급의 리더가 된다. 마찬가지로 기업가도 좋은 질문을 하는 사람이 훌륭한 리더다.

유대인 기업가정신은
무엇이 다른가

유대인 기업가의 성공 사례는 무수히 많다. 월스트리트를 위시한 세계 금융산업이 그들의 손아귀에 있고 정보기술IT 산업에서도 구글, 페이스북, 오라클 등 선두기업 창업가는 유대인이다. 영화산업은 아예 유대인에 의해 태동했으며 할리우드 제작자 대부분이 유대인이다. 유통산업, 특히 백화점을 키워온 주도 세력이며 관광산업 또한 주도하고 있다. 그들이 기타 언론산업, 의료산업, 법률산업, 컨설팅산업, 패션산업, 보석산업, 미용산업 등 한마디로 서비스산업 대부분을 주도하고 있다.

유대인들의 이런 파워는 어디서부터 유래되는 것인가가 궁금해 연구했다. 그 결과물이 『유대인 경제사』 10권이다. 아브라함 시대부터 지금의 월스트리트에 이르기까지 유대인의 역사를 경제사적 관점에서 조망했다. 책을 쓰면서 필자가 느꼈던 유대인 기업가정신은 확실히 남달랐다. 그들이 세계 경제를 주름잡고 오랜 핍박의 역사를 버텨낸 저력은 어디에서 찾을 수 있을까?

자녀를 최고가 아니라 유니크한 존재로 키워라

유대인 기업가정신을 논할 때 종교인 유대교를 이야기하지 않을 수 없다. 그들의 생각이나 사상 대부분이 유대교 신앙에서 출발했기 때문이다. 『성경』을 보면 하느님은 모든 것을 만들고 마지막에 '하느님의 형상대로' 인간을 창조했다. 이때 유대인들은 '하느님의 형상대로'란 인간의 외모가 아니라 내면이라고 믿고 있다. 따라서 유대교는 인간 내면에 무한한 잠재력과 가능성이 있다고 가르친다.

『성경』에 하느님이 흙으로 인간을 빚은 뒤 코에 생기를 불어넣는 장면이 나온다. 유대인은 이 생기가 바로 하느님의 영혼이라고 믿는다. 곧 사람을 만들 때 하느님은 자신의 영혼을 불어넣었고, 그 영혼이 인간 몸에서 살다 죽으면 다시 하느님께로 되돌아간다는 것이다. 그래서 유대교는 사후 천국과 지옥 개념이 없는 현세 종교다. 이같은 유대인의 사고에 따르면 결국 실존하는 것은 인간이 아니라 인간 안에 깃든 하느님의 영혼이다.

그런데 이때 하느님은 그 영혼이 세상에서 합당하고 거룩하게 살아갈 수 있도록 그 영혼에 맞는 달란트도 같이 주었다고 한다. 이를 철석같이 믿는 게 유대인이다. 그래서 유대인 자녀교육의 핵심은 아이가 달란트를 13세 성인식 이전에 찾을 수 있도록 부모가 혼신의 힘을 다해 도와주는 것이다. 그 방법은 대화와 독서다. 부모가 밥상머리에서 이야기를 들려주며 대화하고 취침 전 베갯머리에서 15분 이상 책을 읽어줘 아이의 호기심을 자극하는 것이다. 이렇게 어려서부터 부모와 대화와 독서를 한 아이는 네 살이 되면 다른 아이들과 큰 차이를 보이기 시작한다. 일반 아이들이 800~900 단어를 알 때 유대인 아이들은 1,500단어를 인지한다. 그 후 차이는 더 벌어진다.

유대인에게 거룩하게 산다는 것은 하느님을 표현하는 생활을 뜻한다. 또 고귀하게 산다는 뜻보다는 남들, 곧 대중과 다르게 사는 걸 의미한다. 하느님이 주신 자기만의 독특한 달란트를 찾아내 유니크하게 사는 것이다. 따라서 유대인 자녀교육의 목표는 아이가 최고가 아니라 유니크한 존재가 되는 걸 도와주는 데 있다. 한 학년에서 최고는 한 명밖에 없지만 유니크한 존재는 모든 학생이 될 수 있다. 이런 사고가 유대인 창의성의 기반이다.

달란트를 개발하지 않으면 죄를 짓는 것이다

아담과 이브가 하느님이 금한 선악과를 따 먹은 것을 기독교에서는 '원죄'라 한다. 이 죄가 자손 대대로 전해 내려온다는 사상이 '원죄사상'이다.

반면 유대교에는 아담과 이브의 불순종 죄는 인정하지만 그 죄가 후손 대대로 이어져 내려온다는 원죄사상은 없다. 그들은 과거에 얽매이지 않는다. 유대인에게 죄란 과거에 있지 않고 현재에 있다. 인간은 하느님의 형상대로 지음을 받았기에 하느님이 인간에게는 기대가 있다. 그래서 유대교에서 죄란 하느님의 자녀로서 합당한 삶을 살지 않는 것이다. 주어진 가능성에 최선을 다하지 않는 '게으름'과 '무능력'이 죄다. 자신의 미래에 대한 가능성을 믿지 않고, 하느님이 주신 자기 안의 달란트를 찾아 키우지 않고 무능력한 사람이 되는 것이 하느님께 죄를 짓는 것이다. 따라서 유대인에게 신앙이란 자신에게 내재된 하느님의 형상과 달란트를 찾아 스스로를 발전시켜 나가는 노력이다.

후츠파 정신은 신 앞에 모두가 평등하다는 것이다

필자가 1996년 뉴욕무역관 부관장 시절 블룸버그통신 사장이던 마이클 블룸버그Michael Rubens Bloomberg 를 방문한 적이 있다. 그는 평사원과 똑같이 사무실 한쪽에 있는 그의 책상에서 우리 일행을 맞았다. 사장실이 따로 없었다. 그리고 브리핑을 직접 하는 게 아닌가. 회사 곳곳의 견학도 직접 본인이 우리 일행을 안내하며 세심한 부분까지 친절하게 설명해주었다. 그때의 놀라움은 필자가 유대인 역사를, 그들의 가치관을 공부한 뒤에야 비로소 이해할 수 있었다.

메타(페이스북)의 마크 저커버그 등 다른 유대인 기업가도 대부분 직원들과 함께 앉아 근무한다. 직원과의 소통이 쉽다는 이유 외에도 업무에 솔선수범하겠다는 뜻이 포함돼 있다. 또 다른 이유는 자기만 특별대우를 받지 않겠다는 의지의 표현이다. 일부 유대인 사장은 직원들과 소통하기 위해 주기적으로 자리를 옮겨 다니기도 한다. 그들에겐 별도의 사장실도, 지정된 주차공간도 없다.

기타 치는 마이클 블룸버그 사장(위)과 직원들과 함께 앉아 근무하는 마크 저커버그 사장(아래). 마이클 블룸버그 블룸버그통신 사장과 마크 저커버그 메타(페이스북) 대표 등 유대인 기업가들은 대부분 직원과 한 공간에서 근무한다. 소통하고 솔선수범하겠다는 의지의 표현이다. 이런 평등사상이 낳은 수평 문화가 후츠파 정신이다.

이런 평등사상이 낳은 수평 문화가 바로 후츠파 정신이다. 유대인은 직장에서의 직책은 효율적인 업무 추진을 위한 역할 분담이라고 생각한다. 그것 때문에 사람 간에 종속관계가 성립한다고는 생각하지 않는다. 그래서 경영층과 신입사원 간에도 자유롭고 당당하게 질문하고 열띤 토론을 할 수 있는 것이다. 유대인 기업가의 리더십은 바로 이런 소통 문화, 수평 문화를 이끄는 데서 나온다.

율법의 본질은 정의와 평등이다

유대인의 평등사상은 뿌리가 깊다. 모세 율법의 본질이 '정의와 평등'이다. '정의'는 고아나 과부 등 사회적 약자를 돌보는 것이고 '평등'은 세상의 통치자는 하느님 한 분이며 하늘 아래 모든 인간은 평등하다는 개념이다. 그 무렵 만인이 '평등'하다는 개념은 파격이었다. 모세 스스로 평등사상을 본 보이기 위해 특별대우를 사양했다. 전쟁터에서 돌 위에 앉아 지휘할 때 참모들이 편안한 의자를 권했다. 그때 모세는 나만 특별대우를 받을 수 없다고 사양했다. 이것이 후대 유대인에게도 강하게 각인됐다.

이런 율법의 평등사상은 즉각 정치제도에도 반영됐다. 기원전 13세기 이집트를 탈출해 가나안으로 돌아온 이스라엘인들은 역사상 유례없는 독특한 정치체제를 탄생시켰다. 열두 지파 자치제를 시행한 것이다. 야훼만을 통치자로 모시면서 모든 지파가 평등한 권리를 누리는 정치제도였다.

유대인은 다른 나라와 달리 왕을 세우지 않았다. 지파 연맹은 판관判官을 선출했다. 흔히 지파 간 분쟁이 생기면 이를 '판가름'한다 해서 판관이라 불렀다. 이 같은 체제가 대략 200여 년 동안 이어질 수 있었던 것은 지파 연맹체가 오직 야훼 신앙으로 뭉치고 지파들 사이에 평등사회를 이루었기 때문이다. 모든 지파는 평등하다는 민주주의적 통치 이념이었다. 이렇게 이스라엘은 평등 이념을 기초로 한 종교 공동체였다.

그들은 그리스보다 400년이나 앞서 민주주의 제도를 실천했다. 나중에 전쟁통에 일사불란한 지휘체계를 위해 국민들이 원해 왕을 뽑았다. 사울, 다윗, 솔로몬이 그들이다. 그러나 그들도 절대군주가 아니라 단지 하느님의 율법 아래, 곧 입헌군주제 아래의 대표자일 뿐이었다.

유대인 기업가는 비전 제시에 강하다

19세기 다윈의 진화론이 나오면서 종교계는 충격에 휩싸였다. 기독교도들은 다윈이 하느님의 형상을 닮은 인간을 원숭이의 이미지로 훼손시켰다고 비난했다. 하지만 유대교에서는 진화를 단계별로 이루어지는 또 하나의 창조로 해석한다. 유대교의 '티쿤 올람' 사상에 따르면 '세상은 있는 그대로'가 아니라 '개선해야 할 대상'이기 때문이다.

다시 한번 말하지만 티쿤 올람이란 유대교 신앙의 기본원리 가운데 하나로 '세계를 고친다'는 뜻이다. 인간이 하느님의 파트너로 세상을 개선해나가야 하는 책임을 의미한다. 신은 세상을 창조했지만 미완성 상태이기 때문에 인간은 계속되는 신의 창조 행위를 도와야 한다. 그것이 바로 신의 뜻이자 인간의 의무라는 설명이다. 이것이 유대인의 현대판 메시야 사상이다. 메시야란 어느 날 세상을 구하기 위해 홀연히 나타나는 게 아니라 유대인 스스로가 신과 협력해 세상을 완성하는 메시야가 돼야 한다는 생각이다.

유대인이 창조성이 강하다는 평가를 받는 것은 바로 이 사상 때문이다. 이는 또 유대 기업인이 자기 분야를 통해 세상을 개선하고자 하는 노력과 비전 제시에 강한 이유이기도 하다.

6장

인류 절멸의 위협에서 구해내다

팬데믹 위기 때마다 백신을 개발하다

코로나바이러스 백신 개발의 주역 중에 유독 유대인들이 많다. 화이자의 백신 개발팀을 이끄는 미카엘 돌스텐Mikael Dolsten을 비롯해 화이자 CEO 앨버트 불라Albert Bourla 역시 그리스 테살로니키 출신 유대인이다.

스웨덴에서 태어나 자란 미카엘 돌스텐은 이스라엘 바이츠만 연구소에서 1년 동안 박사과정을 공부하면서 인생의 방향이 바뀌었다. 원래 그는 룬드 대학교 의학부에서 의사로 경력을 시작했지만, 이스라엘에서 최첨단 면역학에 대해 배운 뒤 신약 개발 쪽으로 갔다. 의사로서 환자를 보살피는 임상도 중요하지만 인류의 미래를 위해서는 의학 연구가 더 가치 있다고 느꼈기 때문이다. 그는 인류 사회의 개선에 기여하고자 하는 유대인의 의학 연구에 대한 오랜 열의와 전통이 백신 개발에 강력한 힘이 되었다고 말했다.

전염병 피해자들을 방문하는 키지 추기경

작자 미상의 18세기 그림. 전염병 피해자들을 방문하는 키지 추기경.『의학원리집』을 집필한 중세 최고 랍비 마이모니데스를 비롯해 유대인들은 의학에 헌신해온 긴 역사를 갖고 있다. 하루 최소 9번 손을 씻는 종교적 습관, 음식 정결법 '코셔' 등 위생 관리에도 철저했다. 중세 베네치아에서 페스트로 인구 3분의 1이 사망할 때 유독 유대인 희생자가 적었던 이유이기도 하다. 작자 미상의 18세기 그림 '전염병 피해자들을 방문하는 키지 추기경'. 이탈리아 로마 바르베리니 궁전 국립 고전 미술관 소장.

헝가리 이민자와 유대인 면역학자가 만나다

화이자의 mRNA(전령 RNA) 백신 개발을 가능하게 한 선구적인 돌파구를 연 의학자는 펜실베이니아 유펜 의대의 유대인 교수 드류 와이즈만Drew Weissman이다. 화이자와 모더나의 mRNA 백신 탄생에는 연구원 카탈린 카리코Katalin Karikó의 외롭고도 힘든 40년 헌신이 있었다. 그는 1976년 헝가리 대학교에서 생명과학 강의를 듣다가 mRNA 세계에 빠졌다. 분자생물학으로 박사학위를 받고 1984년 미국으로 건너갔다. 템플 대학교에서 mRNA 연구에 몰두했지만 성과가 나오지 않아 쫓겨나기도 했다. 그러나 다행히도

드류 와이즈만과 카탈린 카리코

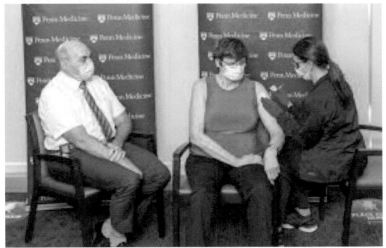

드류 바이즈만과 카탈린 카리코가 자신들이 개발에 참여한 코로나 백신을 맞고 있다. (출처: 유튜브 캡처)

1989년부터 펜실베이니아 대학교 의대에서 연구원으로 일하게 되었다. 그는 '항바이러스성의 짧은 RNA 분자의 합성과 적용'이란 주제로 박사학위를 받고 서른 살 때부터 mRNA 연구에 몰두하고 있었다.

그의 연구이론은 이렇다. 사람 DNA에는 생명의 구성 요소인 단백질을 만드는 레시피가 포함되어 있다. DNA의 유전정보를 단백질을 만드는 생체공장인 리보솜까지 갖고 오는 전령이 mRNA이다. mRNA는 '메신저 RNA'의 줄임말로 전령 RNA란 뜻이다. 이론적으로 이것은 사람이 만들어내는 천연단백질이 어떤 이유로든지 결핍된 상태의 질병을 치료하는 데 사용될 수 있음을 의미했다. 그는 낭포성 섬유 증세에 대한 RNA 요법을 개발하면 환자의 유해한 점액을 폐에서 제거하는 기능성 단백질을 만들 수 있겠다는 점에 착안했다. 하지만 아무도 주목하지 않는 연구에 홀로 투자한 시간은 길고 힘들었다. 심지어 펜실베이니아 대학교 측은 카리코 박사에게 연구소를 떠나거나 직위 강등을 당하는 것 중 하나를 선택하도록 했다. 엎친 데 덮친 격으로 당시 그는 암과 투병 중이었다.

1997년 면역학의 대가인 유대인 드류 와이즈만 교수가 부임했다. 당시만 해도 과학 논문을 온라인에 게재하는 것이 가능해지기 훨씬 전이라 최종 연구를 읽어볼 유일한 방법은 논문을 복사하는 방법뿐이었다. 와이즈만 교수는 복사하다 우연히 카리코 박사를 만났다. 두 사람은 말이 통했다. 카리코는 와이즈만 교수에게 "저는 어떤 RNA도 만들 수 있습니다."라고 자신을 소개했다. 카리코 박사는 펜실베이니아 대학교 내 학문적 지위가 낮은 상태였지만 와이즈만 박사가 카리코 박사 연구의 중요성을 알아보고 동 연구에 자금을 지원하면서 둘의 협력관계가 시작됐다. 이는 '와이즈만-카리코 프로젝트'로 이어져 코로나바이러스 백신 연구로 연결되었다.

물론 어려움도 있었다. mRNA 주사는 심각한 염증반응을 일으켰다. 그들은 문제 해결을 위해 연구를 거듭했고 마침내 약간 변형된 뉴클레오사이드(암과 바이러스 질병 치료의 기념비적 약제)를 사용함으로써 2004년에 문제를 해결했다. mRNA 연구에서 역사적 순간이었다. 와이즈만 박사와 카리코는 살아 있는 세포 내로 mRNA 정보를 집어넣는 기술에 대해 특허를 냈다. 이런 연유로 이번 화이자의 백신 개발이 카리코가 부사장으로 있는 독일 기업 바이오앤테크와 공동개발 생산키로 한 것은 우연이 아니다. 그들은 세포 안

코로나바이러스 백신에 공헌한 사람들. 왼쪽부터 펜실베이니아 대학교 의대 드류 와이즈만 전 교수, 독일 기업 바이오엔테크 부사장 카탈린 카리코, 화이자 CEO 알버트 불라, 화이자 최고과학책임자CSO 미카엘 돌스텐, 모더나 최고의료책임자CMO 탈 작스.

으로 mRNA 정보를 집어넣는 기술 특허를 냈다. 화이자 백신은 카리코가 현재 부사장으로 있는 독일 기업 바이오엔테크와 공동 개발한 것이다.

카리코 박사와 와이즈만 박사의 연구에 주목했던 사람이 있었다. 당시 스탠퍼드 대학교 박사 후 연구원이었던 데릭 로시Derrick Rossi는 연구논문을 읽고 mRNA에 관심을 가지게 되었다. 2010년 로시는 하버드 대학교와 MIT 교수 여러 명과 함께 모더나라는 바이오 기업을 공동 설립했다. 변형 mRNA를 이용해 백신과 치료법을 개발하기 위한 목적이었다. 모더나의 최고의료책임자 탈 작스Tal Zaks 역시 이스라엘 벤구리온 대학교 출신 유대인이다.

앤서니 파우치

앤서니 파우치 국립 알레르기전염병 연구소장의 등신대.

앤서니 파우치 박사가 모더나 백신 개발을 도왔다

모더나가 백신 개발에 성공한 이면에는 또 한 명의 유대인 앤서니 파우치Anthony Fauci 국립전염병 연구소장의 전폭적인 지원이 있었다. 모더나가 여러 사정으로 어려울 때 기술 개발 지원금 9억 9,500만 달러의 지원과 1억 회분 백신값 15억 달러를 선결제해주어 개발을 도운 것이다.

코로나바이러스 백신은 크게 세 가지다. 미국과 독일의 'mRNA' 방식, 영국과 러시아의 '바이러스 전달체 방식', 중국의 '불활성화' 방식이 있다. 화이자와 모더나 두 백신은 모두 mRNA 백신이다. 바이러스를 쓰는 생백신이나 사백신 같은 기존방식을 제치고 mRNA

를 활용한 새로운 유형의 백신이 개발되었다는 것은 현대의학의 위대한 성취다. 노벨의학상을 받을 만하다. 기존 백신처럼 바이러스를 증식하느라 어마어마한 양의 달걀과 장시간을 소모하지 않고도 시험관에서 mRNA만 합성하면 되니까 우선 생산 속도가 놀라우리만큼 빠르다. 코로나19 창궐에 빠르게 대응하기에 적절한 백신이다. 무엇보다 mRNA를 이용한 백신 개발을 토대로 원하는 단백질을 만들어 인체가 암과 유전적 질병과의 싸움에서도 승리할 날이 머지않았음을 의미한다.

이스라엘의 바이오산업은 국가 선점 전략이다

이스라엘에서는 6개의 코로나바이러스 백신을 개발했거나 개발 중이다. 이스라엘은 바이오산업을 거국적으로 지원하고 있다. 이

이스라엘 바이츠만 연구소

기초 학문과 정밀과학 분야의 세계 최고 연구기관으로 손꼽히는 이스라엘 바이츠만 연구소
(출처: 퓨처런닷컴)

스라엘은 예전부터 국가의 명운을 건 산업에 대해 초당파적 지원을 아끼지 않았다. 1948년 건국 이후 1960년대까지는 중동전쟁을 치르면서 방위산업에 올인했다. 프랑스가 대對 이스라엘 무기 수출을 금지하자 프랑스 전투기를 자체 생산해낼 정도였다. 그 뒤 이스라엘 정부는 10년 단위로 국가 성장 동력에 필요한 시대를 앞서는 산업을 정해 선점하는 전략을 추진하고 있다.

1970년대 들어 선점 전략은 물, 곧 해수의 담수화였다. 갈릴리 호수의 물만으로는 부족했기 때문이다. 1980년대는 원자력이었다. 원전의 필요성도 있었지만 원자폭탄 개발과 관계가 있었던 것으로 추정된다. 1990년대는 인터넷 보안기술이었다. 4차례 중동전쟁을 치른 후 결론은 재래식 무기의 종말이었다. 미래 전쟁에는 비행기와 전차가 무용지물이라 판단했다. 그 후 등장한 게 인공위성을 활용한 요격미사일 시스템 아이언 돔과 드론이다. 2000년대 선점 전략은 벤처산업 지원이었다. 미국 나스닥에 상장한 이스라엘 벤처기업들의 숫자가 유럽 전체의 벤처기업들이 나스닥에 상장한 숫자보다 더 많은 이유이다. 2010년대 선점 전략은 바이오산업이었다. 산학연이 힘을 합쳐 바이오산업에 전력투구하고 있다. 이러한 전략이 이스라엘 내 바이오산업뿐만 아니라 전 세계 유대인들에게도 큰 영향을 미치고 있다.

왜 유대인은 의학 발전에 헌신했는가

유대인들이 의학에 헌신했던 것은 어제오늘의 일이 아니다. 중세

정통파 유대인들

뉴욕 브루클린의 윌리엄스버그 근교에서 온 하시드 유대인들이 이스트 강변에서 타슐리치 새해 의식을 하기 위해 모여 있다.

랍비의 중요한 직업 중의 하나가 의사와 무역상이었다. 당시 랍비들은 자기가 생활비를 벌어야 했다. 중세 최고의 랍비로 추앙받았던 마이모니데스Maimonides도 『의학원리집』을 집필한 의사이자 이집트 술탄의 주치의였다.

1492년 스페인 왕국이 유대인을 추방한 알람브라 칙령 발표 당시 스페인에 있던 의사는 거의 유대인이었다. 유대인 의사가 이렇게 많았던 데는 이유가 있었다. 이 또한 그들이 믿는 티쿤 올람 사상 때문이었다. 앞서 살펴본 대로 세상을 '개선할 대상'으로 받아들이는 유대인만의 신앙 원리가 그 배경이었던 것이다.

유대인들은 유달리 전염병에 강한 민족이기도 하다. 1347년 베네치아에 유럽 최초로 페스트가 창궐했을 때 인구의 3분의 1이 사망했으나 유대인 희생자의 숫자는 유독 적었다. 유대인이 고의로 우물에 독을 풀어 전염병을 퍼트렸다는 소문도 그런 사실로부터 나왔다. 하지만 유대인들이 전염병에 희생자가 적었던 이유는 철저한 손 씻기와 청결 의식에 있었다.

유대교는 거룩한 장소에 임할 때는 반드시 손을 씻으라고 명한다. 그래야 죽음을 면할 수 있다고 『성경』에 기록되어 있다(「출애굽기」 30:20~21). 유대인들은 가정을 가장 중요한 성소로 여긴다. 외출하고 집에 돌아오면 반드시 손을 씻어야 했다. 하느님이 임재하신다고 믿는 식탁에 앉기 전에도 손을 씻어야 한다. 그들은 씻지 않은 손으로 만진 음식이 사람을 부정하게 만든다고 믿었다. 그래서 한 번 씻을 때 3회 이상 철저히 씻었다. 그들은 하루에 3번 기도할 때도 정결한 컵에 물을 담아 오른손과 왼손을 번갈아 4번 이상 씻었다. 일종의 정결 의식이다. 유대인들은 하루에 최소 9번 손을 씻는다. 또한 '코셔'라는 음식 정결법을 지켜 위생관리에 철저했다.

그들은 하루에 3번 기도할 때도 먼저 손을 씻었다. 『성경』을 필사할 때 하느님이라는 단어가 나오면 반드시 목욕재계해야 했다. 유대교 정결淨潔 의식을 위한 목욕 시설인 미크바Mikvah에 들어가 몸과 마음을 깨끗이 해야 했다. 그밖에 유대인들은 음식 정결법인 코셔를 지켜 위생 관리에 철저했다.

한국도 의학과 공학을 연계해야 한다

우리나라는 의료체계나 의료보험이 상당히 발달한 나라이다. 해외 7개국에서 근무한 나로서는 우리나라만큼 의료보험이 발달한 나라를 보지 못했다. 우리가 코로나19 사태 속에 여는 선진국보다 선방하는 이유도 우리 의료시스템과 시민의식이 그들보다 앞서 있기 때문이다.

의과대학은 우리나라 수재들이 몰리는 학과이다. 그런데 이런 의사들이 대부분 임상 쪽에 머물고 의학 연구나 신약 개발에 발을 들여놓는 의사는 극히 소수이다. 이런 의미에서 카이스트에 의공학 대학원이 생긴 것은 반가운 일이다. 우리나라도 의사들이 의학 연구, 신약 개발, 그리고 의학과 공학의 연계 산업에 뛰어들 수 있는 여건과 환경 마련이 절실하다.

의사는 수만 명을 살리지만 의과학자는 수억 명을 살릴 수 있다. 환자를 돌보는 임상의에게 중요한 덕목은 성실성이지만 의과학자에게는 이에 더해 미래 의료 환경에 대한 통찰력과 소명 의식이 함께 요구된다. 그들이 백신 개발, 암 치료, 치매 정복 등 새로운 의료 기술을 개발할 인재이어야 하기 때문이다. 이는 티쿤 올람 사상 못지않은 우리의 홍익인간 이념을 구현하는 길이기도 하다.

하지만 현실적인 문제를 도외시할 수 없다. 의사는 안정된 삶이 보장되지만 의과학자는 경제적 불편과 불투명한 미래와 맞서야 한다. 그들에게 헌신만을 요구할 게 아니라 의과학자 양성을 위해 필요한 제도적 보완과 그들이 꿈을 펼칠 수 있는 의료 벤처 생태계의 활성화가 절실하다.

혈액형을 발견하여 수혈의
악몽을 끝내다

인류의 생명을 제일 많이 구한 의과학자는 누구일까? 과학자들의 업적을 소개하는 웹사이트 '사이언스히어로닷컴www.scienceheroes. com'에 생명을 많이 구한 과학자 순위가 있다. 의과학자 분야의 1위는 혈액형을 발견해 안전한 수혈을 가능하게 한 카를 란트슈타이너 Karl Landsteiner가 꼽혔다. 그가 구한 생명은 1955년 이래 약 11억 명 정도로 추산되고 있다.

카를 란트슈타이너가 혈액형을 규명해주기 전까지 수혈은 죽음과의 도박이었다. 과거에는 부상자나 임산부가 과다출혈로 죽는 사람들이 많았다. 특히 임산부의 22퍼센트가 출산 시 과다출혈로 사망했다. 과거 의사들은 이런 위급환자에게 마지막 희망의 하나로 다른 사람의 피나 송아지 또는 염소 피를 수혈하기도 했다. 그러나 많은 사람이 시커먼 오줌을 싸며 고통 속에 죽어갔다. 부검해보면 핏줄 속에 피가 뭉쳐 있었다. 20세기 초까지만 해도 혈액형이

염소 피의 수혈

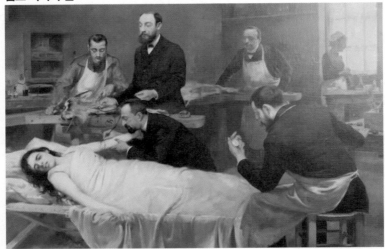

1900년 카를 란트슈타이너는 서로 다른 피를 섞으면 적혈구가 뭉쳐 덩어리를 이루는 현상을 발견하고 사람의 핏속에는 항체 반응을 일으키는 서로 다른 항원이 있다는 것을 밝혀냈다. 이를 근거로 1901년 혈액형을 A형, B형, C형(후에 O형으로 변경)으로 분류했고 1년 뒤 그의 제자들이 AB형도 찾아냈다. 카를이 혈액형을 발견하기 전에는 환자가 피를 너무 많이 흘려 죽는 경우가 많았다. 의사들은 환자를 살리기 위해 송아지나 염소 피를 수혈했지만 많은 사람이 오히려 고통 속에 죽어갔다. 카를이 목숨을 건 '도박 수혈'로부터 인류를 구한 것이다. 그의 발견이 1955년 이후 약 11억 명의 목숨을 구했다는 추산도 있다. 프랑스 화가 쥘 아들레르의 그림 「염소 피의 수혈」(1892). (출처: 파리 의학사 박물관)

라는 개념이 없이 수혈이 이루어졌기 때문이다. 한마디로 재수 좋으면 살고 재수 없으면 죽었다.

목숨을 건 도박 수혈로부터 인류를 구한 의사 과학자가 카를 란트슈타이너이다. 그는 초인적인 의과학자였다. 그가 연구한 의학 분야만 6가지이다. 생화학, 면역학, 병리해부학, 바이러스학, 혈청학, 알레르기학 등 다양한 분야에서 두각을 나타냈다. 카를은 깨어 있는 시간의 90퍼센트를 연구에 몰입했다. 그 결과가 364편의 값진 논문이었다.

의사 과학자의 길을 걸어 수억 명의 생명을 구하다

카를은 6세 때 언론인이었던 아버지가 돌아가셔서 홀어머니의 보살핌 속에 외동아들로 자랐다. 그는 17세에 오스트리아의 빈 의대에 입학해 해부학, 동물학, 혈액 및 유기화학을 공부했고 23세인 1891년에 졸업했다. 유대인 가운데 특히 의사나 의학 연구자가 많다. 그 이유는 그들이 인간의 병든 몸을 고치는 것도 티쿤 올람이라 생각하기 때문이다. 카를은 유대인답게 의대생 시절부터 어떤 삶이 더 값진 것인지, 어떤 삶이 하느님 보시기에 합당한 삶인지에 관해 숙고를 많이 했다. 곧 환자를 돌보는 의사의 삶과 의학 연구를 통해 많은 생명을 구할 수 있는 의사 과학자의 삶 중 어떤 삶이 더 값진 것인지를 놓고 고민했다. 카를의 선택은 후자의 길이었다.

그는 의대 시절부터 한 의학 분야가 다른 의학 분야와 접목될 때 위대한 발견이 가능하다는 걸 알았다. 그래서 졸업 후에도 여러 의학 분야를 공부하고 융합하는 과정에서 의미 있는 결실을 보아야겠다고 마음먹고 여러 분야를 두루 섭렵하는 평생 공부를 목표로 정했다. 특히 의대 시절부터 화학이야말로 의학에 꼭 필요한 요소라고 생각했다. 그는 의대 졸업 후 에른스트 루드비히 실험실에서 박사후 연구를 시작해 골수암을 연구했다. 그러다 더 많은 가르침을 받기 위해 생화학 분야에서 가장 유명한 3명의 스승 밑에서 돌아가면서 배우는 방법을 택했다. 그는 취리히의 한취Hantzsch 연구소, 뷔르츠부르크의 에밀 피셔Emil Fischer 연구소, 뮌헨의 밤버거E Bamberger 실험실 등에서 3년간 배움에 정진했다. 그는 이 기간에 스승들과 공저로 많은 논문을 발표했다. 에밀 피셔 같은 스승은 1902년에 당과

퓨린의 합성에 관한 연구로 노벨화학상을 수상했다.

카를은 화학의 세계에 빠져 나름의 공부를 마친 다음 1년간 외과 의사 밑에서 공부했다. 그 무렵 현미경을 들여다보던 의사 과학자들은 혈액 속에서 세균들이 죽는 모습을 관찰했다. 도대체 혈액 속 무엇이 세균을 죽이는 것일까? 의사 과학자들은 이 무엇에 '항체'라는 이름을 붙였다.

카를의 배움 욕구는 항체를 다루는 면역학으로 넓혀졌다. 그는 1896년 빈 대학 위생연구소 세균학자 막스 폰 그루버 박사의 조수가 되어 3년간 면역 메커니즘과 항체의 특성에 관해 연구했다. 그후 카를은 원인 모르게 죽어간 많은 환자의 사망 원인을 알아내기 위해 병리해부학을 공부하기로 마음먹었다.

카를은 1898년이 되자 그 분야에서 가장 유명한 세균학자이자 빈 의대 병리해부학과의 교수인 안톤 바이크셀바움Anton Weichelbaum 을 찾아가 무급 조교로 일하겠으니 받아달라고 간청하여 승낙을 받아냈다. 의대 졸업 동기들은 임상의사로 돈을 잘 벌고 있을 시기에 무급으로 연구에 정진하기로 한 것이다.

그는 1899년에 병리해부학 교수 자격증을 취득한 뒤에도 10년간 바이크셀바움 교수의 조교로 일했다. 카를은 외국 의사들에게 병리해부학 강의를 하는 한편 법의학 해부학자로 매일 주검들을 해부하며 사망 원인을 분석하는 일에 매달렸다. 병리학 강의가 생계를 위한 일이었다면 사체 해부는 연구를 위한 일이었다. 그는 10년 동안 3,639구에 달하는 사체를 부검했다.

혈액형 분류로 무수한 생명을 살리다

카를은 수혈하다 이물질이 뭉쳐 쇼크나 황달을 일으키는 원인을 밝히기 위해 혈액에 관해 연구했다. 그때까지만 해도 의사들은 사람들의 피는 모두 같다고 생각했다. 1900년 그는 두 종류의 혈청이 더해지면 어떨 때 적혈구가 뭉쳐 덩어리를 이루는 응집 현상을 발견했다. 그는 응집 현상이 혈액의 종류가 서로 달라서 일어난다고 보았다. 인간이 외부물질로부터 몸을 보호하는 단백질인 항체를 갖고 있는데 인간의 혈액에 항체 반응을 일으키는 두 가지 종류의 항원이 있다고 그는 판단했다. 어떤 사람은 A만, 또 어떤 사람은 B만, 그리고 항원이 하나도 없는 사람도 있었다. 수혈은 특정한 혈액형끼리만 가능하고 그렇지 않은 혈액형끼리 수혈하면 항체가 '이물질'로 간주해 위험한 결과를 가져온다는 사실을 밝혀냈다.

그는 이를 근거로 1901년에 혈액형을 A형, B형, C형(후에 O형으로 변경)으로 분류했고 1년 뒤 그의 제자들이 두 항원을 모두 갖는 AB형도 있다는 사실을 알아냈다. 1914년 리처드 루이손에 의해 혈액에 구연산나트륨을 첨가하면 응고되지 않는다는 사실이 알려져 이후 혈액이 보관되어 필요할 때 수혈할 수 있게 되었다.

다양한 연구 분야에서 많은 업적을 남기다

카를은 그 후 다양한 연구 분야로 눈을 돌렸다. 그는 동료와 함께 폐렴 구균을 발견했고 1908년 오스트리아의 빈 임페리얼 병원의 병리학 부서장으로 자리를 옮겨 소아마비가 바이러스성 질병임을

카를 란트슈타이너

그가 1901년에 발표한 혈액형 분류가 그 중요성을 인정받고 노벨상 수상자로 결정되기까지 29년이 걸렸다. (출처: 노벨상 페이스북 페이지)

최초로 밝혀냈다. 이 토대로 훗날 유대인 조너스 소크Jonas Salk가 소아마비 백신을 개발하게 된다. 그리고 카를은 병리해부학에 관한 20년의 연구를 모아 병리해부학과 면역학에 대한 많은 논문을 발표했다. 그는 매독의 면역학에 대한 새로운 사실을 발견했고 알레르기 반응이 면역계의 반응이라는 증거를 최초로 발견하는 성과도 올렸다. 제1차 세계대전 이후 그는 오스트리아를 떠나 네덜란드 헤이그에 있는 병원에서 일하다 1923년 뉴욕 록펠러 의학연구소의 초청으로 미국으로 이주해 면역과 알레르기를 연구했다.

카를은 병리해부학, 조직학, 면역학 등 의학 전반에 걸쳐 수많은 공헌을 했다. 제1차 세계대전 후 오스트리아를 떠나 네덜란드 헤이그에 있는 병원에서 일하다 1923년 뉴욕 록펠러 의학연구소의 초청으로 처음으로 개인 연구실을 배정받아 면역과 알레르기를 연구했다. 그가 1901년에 발표한 혈액형 분류는 그 중요성을 인정받는 데 29년이나 걸려 1930년 노벨생리의학상을 받았다. 카를은 노벨생리의학상을 받은 이후에도 연구를 게을리하지 않아 1940년에 Rh-형 혈액이 있음을 밝혀내어 안전한 수혈 방법을 완성하고 3년 후 눈을 감았다. 세계인의 절반 이상이 수혈을 받는다고 하니 그가 이룬 공로가 얼마나 중요한지 새삼 고마움을 느낀다.

그는 폐렴 구균도 처음으로 발견했다. 그뿐만 아니다. 앞서 말한 대로 소아마비가 바이러스성 질병인 것 규명하기도 했다. 이처럼 그는 혈액형 분류로 수많은 생명을 살렸을 뿐만 아니라 다양한 연구 분야에서 많은 업적을 이루었다. 그의 업적은 한 개인의 탁월한 재능 덕분만은 아니다. 그는 홀로 뭔가를 하기보다 동료와의 협업을 중요시하였다.

소아마비 공포에서 인류를
구해내다

20세기 들어 경제가 발전하고 위생환경이 나아질수록 이상하게 더 늘어나는 전염병이 있었다. 바로 뇌 신경조직이 손상되어 죽거나 하반신이 마비되는 폴리오 바이러스 감염병이었다. 대공황 때 선출된 프랭클린 루스벨트Franklin Roosevelt 대통령이 폴리오 바이러스에 의한 하반신 마비 환자였다. 루스벨트는 39세에 이 병에 걸렸지만, 보통은 10세 전후의 어린아이들이 많이 걸려 '소아마비'라 불렸다.

당시 미국에서만 매년 수만 명의 환자가 발생해 미국인들에게 뇌를 손상시키는 소아마비 전염병은 원자폭탄 다음으로 두려운 공포의 대상이었다. 조너스 소크는 이러한 공포로부터 해방시킨 백신을 개발한 의과학자다.

왜 소아마비는 중산층 아이들에게 전염됐는가

그 무렵 소아마비는 세계적인 문젯거리였다. 1940년대 무렵 미국 중산층 가정 중 일부는 아이들을 외딴 산이나 사막으로 대피시켰다. 무서운 소아마비 전염병이 돌고 있었기 때문이다. 그런데 이 전염병은 빈곤층 자녀들에게는 전파가 안 되고 유독 중산층 아이들에게만 전염되었다. 그 이유는 무엇이었을까?

과학자들의 연구에 따르면 당시 수도 시설이 없는 곳에 사는 빈민층 아이들은 영아기에 모유와 비위생적인 물을 같이 마시면서 소아마비 전염병에 면역이 생기는 경우가 많았다고 한다. 모유에는 생후 6개월까지 강력한 항체가 들어 있어 아이들은 전염병을 가볍게 앓고 지나가 항체가 생겼다. 반면에 수도 시설이 있는 부유한 환경에서 자란 중산층 가정의 자녀들은 뒤늦게 전염병에 노출되는 확률이 높았다.

인류를 위해 큰일을 해야겠다고 마음먹다

소크는 1914년 뉴욕 브롱크스에서 러시아 유대인 이민자 가정에서 태어났다. 그는 어린 시절 동네 아이들이 유대인이라고 욕하며 돌을 던지는 탓에 골목 맨 끝에 있는 히브리 학교로 등교하는 길이 두려웠다. 그는 말년에 의과학자가 된 이유에 대해 이렇게 말했다.

"어린 시절부터 유대인의 비극과 고통에 대해 많이 고민했습니다. 이런 사악한 고통의 고리를 끊으려면 뭔가 인류를 위해 큰일을 해야겠다고 생각했습니다."

시사만화 「왜 우리 부모님은 내게 소크 백신을 맞히지 않았을까?」

소아마비 팬데믹이 정점에 달했던 1952년 한 해 미국에서만 5만 8,000여 명이 발병해 3,145명이 숨지고 2만 1,269명의 다리가 마비됐다. 33세이던 1947년 루스벨트 대통령이 설립한 소아마비 국립재단이 지원하는 연구 프로젝트를 맡은 유대인 의학자 조너스 소크는 마침내 1952년 3월 소아마비 백신 개발에 성공했다. 위 시사만화는 1957년 퓰리처상을 받은 톰 리틀의 시사만화 「왜 우리 부모님은 내게 소크 백신을 맞히지 않았을까?」이다.

소크는 13세에 영재 고등학교 조기 입학, 16세에 뉴욕시립대 화학과 조기 입학, 20세에 뉴욕 의과 대학원에 진학했다. 당시 뉴욕시 의사의 15퍼센트 이상이 유대인이었다. 하지만 그는 임상의사보다는 많은 사람을 살릴 수 있는 의과학자가 되기로 마음먹었다. 그 무렵에 만연하던 전염병을 극복하기 위한 역병학 연구에 헌신하는 길이 자신에게 주어진 소명이자 하느님의 기대에 부응하는 일이라 믿었다. 그 후 그는 뉴욕 마운트시나이 병원에서 수련의 과정을 밟은 후 바이러스 전염병 연구에 헌신하기로 마음먹고 당시 바이러스 연구로 유명한 미시간대학 프랜시스 교수를 찾아갔다. 그는 바이러스 실험실에서 6년간 독감백신을 개발하며 바이러스에 관한 연구 경험을 쌓아나갔다.

하루 16시간씩 휴일 없이 연구에 매달리다

1947년 소크는 33세 나이로 피츠버그 의대 세균학 부교수로 초빙받아 바이러스 연구소 책임자가 되었다. 이후 루스벨트 대통령이 기금을 모아 설립한 소아마비 국립재단이 지원하는 연구 프로젝트를 맡게 되었다. 그 무렵 미국은 소아마비가 만연했던 시기다. 1952년은 전염병이 가장 많이 발생한 해로 5만 8,000건의 소아마비가 보고되어 3,145명이 사망했고 2만 1,269명이 다리가 마비되었다. 일단 병에 걸리면 42.5퍼센트가 넘는 희생자가 발생했다. 어린 자녀를 둔 가정은 극심한 공포에 시달렸다. 오죽하면 일부 가정들은 전염병을 피해 아이들을 외딴 산이나 사막으로 대피시켰다. 그는 이 공포의 바이러스로부터 인류를 구하겠다는 일념으로 연구에 매진해 7년 동안 하루 16시간씩 휴일도 없이 연구에 매달렸다.

마침내 백신의 대량생산에 성공하다

당시 소아마비 백신 개발을 위한 주류 연구가 숙주가 아니라 외부 환경에서 바이러스를 오래 배양하여 독성이 약해진 '약독화' 바이러스를 이용하는 방법이었다. 하지만 이 방법은 오랜 시간이 필요했다. 바이러스 배양 자체에 오랜 시간이 걸렸고 약독화된 바이러스 동물시험 과정을 여러 차례 거쳐야 했다. 게다가 세 종류의 폴리오 바이러스 타입 모두에서 약독화된 바이러스를 얻어야 해서 시간이 오래 걸릴 수밖에 없었다.

전염병 공포가 극에 달하면서 대중과 지원 재단은 짧은 시일 안에 성과가 있기를 바랐다. 다른 연구자들은 약독화 바이러스 백신을 개발하고 있었다. 하지만 소크는 단기간에 백신을 대량으로 만들려면 다른 방법이 필요하다고 판단했다. 그는 독감백신 연구 경험을 살려 포르말린을 이용해 바이러스의 생물학적 활성을 죽인 '불활성화' 백신을 만들기로 했다.

소크 연구팀은 200여 차례에 걸친 실험에도 성공하지 못했다. 소크는 지친 심신을 회복하려고 배낭 하나 메고 이탈리아 아시시 수도원으로 떠났다. 답답한 연구실에만 있다가 천장이 높은 수도원에 가니 사고 공간 역시 확 넓어지는 느낌을 받았다. 아니나 다를까 연구실에서 떠오르지 않았던 아이디어가 번쩍이는 영감과 함께 떠오르기 시작했다. 그는 미친 듯이 종이에 아이디어들을 메모해서 급히 돌아왔다.

소크는 쥐 실험, 원숭이 실험, 심지어 본인 인체실험 등을 연속으로 진행하다 마침내 원숭이 콩팥 세포에서 폴리오 바이러스 생산 수율이 크게 증가한다는 사실을 알아냈다. 그 뒤 원숭이 콩팥을 믹서에 갈아 세포를 대량 배양하여 그 위에 세 종류의 바이러스를 감염시켜 대량 증식하였다. 바이러스 대량생산 기술을 확보한 것이다. 이 바이러스들을 포르말린으로 죽여 불활성화된 '사균 백신'을 만들었다. 마침내 소크는 1952년 3월 소아마비 백신 개발에 성공했다. 무엇보다 백신 대량생산에 성공한 것이다.

태양에 특허를 낼 수 없듯 특허는 없다

다음 문제는 임상 시험을 할 대상을 구하는 일이었다. 소크는 1953년 11월 자신을 대상으로 최초로 인체 임상 시험을 했다. 그리고 그의 가족이 먼저 접종받는 모습을 대중에게 보여주며 임상 시험 참여를 설득했다. 그 결과 지원자 22만 명을 모아 임상 시험을 진행할 수 있었다. 이렇게 해서 안전성이 입증되자 소크는 소아마비 백신 개발 성공 소식을 루스벨트 대통령 사망 10주기인 1955년 4월 12일에 맞춰 라디오를 통해 알렸다. 미국인들은 환호성을 지르며 축제처럼 기뻐했다. 이날은 국가적 경축일이 됐다. 백신이 보급된 지 2년 만에 소아마비는 90퍼센트 이상 감소했다.

소아마비가 이렇게 단기간에 감소한 데는 소크 박사의 위대한 결단이 있었다. 그는 여러 제약회사로부터 특허를 넘겨달라는 제안을 받았다. 백신 가치는 약 70억 달러로 추산되었다. 그러나 그는 모두 거절했다. 생명과 의술을 돈과 연결시킬 수 없다는 신념 때문이었다. 그는 백신을 무료로 공급했고 백신 만드는 방법도 무상으로 공개했다. CBS TV 인터뷰에서 사회자가 백신의 특허권자가 누구냐는 질문에 소크 박사의 대답은 이랬다.

"특허는 없습니다. 태양에도 특허를 낼 건가요?"

소크 박사 덕분에 백신은 전 세계에 빠르게 공급되어 소아마비

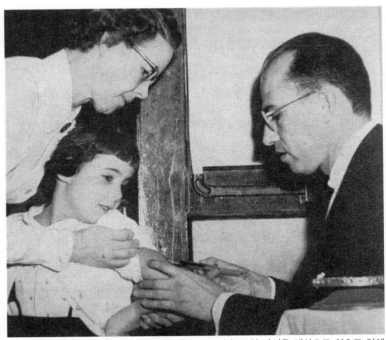

1953년 조너스 소크 백신 주사를 놓고 있다. 1953년 11월 자신을 대상으로 최초로 인체 임상 시험을 했다. 그리고 그의 가족이 먼저 접종받는 모습을 대중에게 보여주며 임상 시험 참여를 설득했다. (출처: 위키피디아)

를 퇴출시켰다. 드와이트 아이젠하워Dwight David Eisenhower 대통령은 소크에게 훈장을 수여하며 '인류의 은인'이라 불렀다. 그 후 캘리포니아주 정부는 그에게 의학 연구에 정진해달라는 의미에서 '천장이 높은' 소크생물학연구소를 샌디에이고에 지어주었다.

의과학자 알버트 사빈이 경구 백신을 개발하다

소크의 불활성화 백신이 대량 보급되기 시작했을 때 약독화 백신

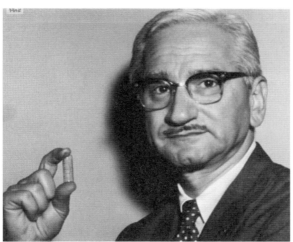

신시내티 의과학대의 알버트 사빈 교수가 새로 개발된 경구 폴리오 백신이 들어 있는 병을 들고 있다. (출처: 하이 빌 백과사전)

이 더 우수하다고 주장하는 또 다른 유대인 의과학자가 있었다. 폴란드계 유대인 알버트 사빈Albert Sabin은 불활성화 백신이 여러 번 접종해야 하는 데 반해 약독화 백신은 단 한 번 투여로 면역이 형성되는 장점을 부각했다. 또한 경구 투여를 통해 점막 면역을 형성하기 때문에 주사로 접종하는 불활성화 백신보다 완벽한 면역성을 갖는다고 주장했다.

그러나 1955년부터 이미 소크의 불활성화 백신이 대규모로 보급되어 많은 사람이 항체를 갖게 된 상황이었다. 미국에서 약독화 백신의 대규모 임상실험을 하는 것은 현실적으로 어려웠다. 사빈은 해외에서 돌파구를 찾았다. 1958년 싱가포르와 체코에 이어 이후 소련에서 무려 1,500만 명을 대상으로 임상실험이 실시되어 경구 투여 백신의 안전성과 효과가 입증되었다. 사빈의 백신은 1961년에 사용이 허가되어 1회 경구 투여만으로 면역이 생기는 간편함 때문에 1960년대 중반 불활성화 백신을 제치고 주력 백신이 되었다.

당시 집중적 접종 캠페인에도 주사 맞기 싫어 접종받지 않은 어린이가 미국에서만 9,000만 명에 이르는 바람에 소아마비 발병이 다시 늘어났다. 이때 등장한 구원투수가 경구 백신이었다. 굳이 아이를 달래가며 아픈 주사를 놓는 게 아니라 사탕이나 시럽 형태 백신을 먹이면 되니 우선 간편했다. 그 후 소아마비 발병 환자는 대부분의 나라에서 사라졌다. 결국 두 명의 유대인 의과학자 소크와 사빈을 중심으로 개발된 불활성화 백신과 약독화 경구 백신은 공포의 대상이었던 소아마비를 퇴치했다.[5]

[더 읽을거리]

백신을 단돈 100원에 보급하다

『타임』 표지를 장식한
조너스 소크

세계보건기구WHO를 통해 보급되는 소아마비 백신 1개 값은 단돈 100원이다. 개발자 조너스 소크 박사가 백신을 무료로 공급했기 때문이다. 1993년 『타임』이 그를 20세기 100대 인물에 선정한 까닭은 백신 개발보다는 연구 성과를 인류의 공동자산으로 함께 나눈 숭고한 과학자 정신에 있었다. 소크는 미국 대학생들이 가장 존경하는 위인으로 선정되기도 했다.

한편 소크의 값싼 '불활성화 백신'(사균 백신)이 이미 등장하여 '약독화 백신'(생균 백신) 개발이 돈이 안 됨을 알고 있음에도 끈질기게 또 다른 소아마비 경구 백신을 개발한 유대인 의과학자가 알버트 사빈이다. 그는 독성이 약화된 '생균 백신'의 우수성을 믿었기에 끝까지 매달려 백신 개발을 성공시켰다. 이 두 명의 유대인 의과학자가 인류를 소아마비 전염병에서 구출했다.

현대 면역학을 창시해
생명 연장의 꿈을 실현하다

불가사리를 연구하다가 전염병에 맞설 면역세포를 찾은 사람이 있다. 일리야 일리치 메치니코프Il'ya Ilich Mechnikov는 1845년 러시아 남부 우크라이나의 유대인 가정에서 태어났다. 그는 어릴 때부터 대단한 독서광으로 엄청나게 많은 책을 읽었다. 그리고 8세 때 이미 자신이 학자라고 생각했다. 그는 자연 속에서 뛰놀며 생물들에게 관심이 많았고 무언가를 발견하면 또래들에게 자신이 아는 신기한 지식을 가르치는 '애 선생님'이었다. 그는 고등학교 때 이미 지질학 관련 논문을 발표했다.

그는 고등학교를 1등으로 졸업했고 의사가 되려 했다. 그러나 의사보다는 연구자가 되어 인류를 위해 위대한 업적을 남기라는 어머니의 충고를 받아들여 크라코프 대학교 자연과학부로 진학했다. 메치니코프는 거의 시험 날에만 나타나 벼락치기 공부로 언제나 1등을 하며 불과 2년 만에 4년 대학 과정을 마쳤다. 어머니의 소망대로

예방접종

일리야 메치니코프는 1881년 러시아에서 유대인 박해가 심해지자 이탈리아로 옮겨갔다. 이곳에서 그는 장미 가시가 꽂힌 불가사리에서 아메바처럼 생긴 세포들이 가시 끝에 모여 붙는 현상을 발견했다. 사람에게도 같은 현상이 나타날 것이라고 가설을 세운 그는 식세포에 의한 세균 탐식설을 정립해 면역학을 개척한 것으로 평가받는다. 사진은 예방접종을 묘사한 프랑스 화가 루이 레오폴드 부아이Louis-Léopold Boilly의 유화.

하루빨리 인류를 구하고자 했다. 대학생 때 이미 여러 편의 논문을 발표한 천재였다. 인문학적 소양이 풍부했고 논리적인 연상 작용으로 글재주도 뛰어났다. 그가 쓴 논문은 소설처럼 재미있었다.

죽음 앞에서 삶의 희망을 찾아내다

대학 졸업 후 메치니코프는 국가 장학금을 받아 독일의 대학교로 유학을 떠났다. 그러나 유대인이라는 이유로 따돌림을 받아 이탈리아로 옮겨가 불과 스물두 살 때 박사를 땄다. 3년 뒤엔 러시아 오데사대학교 동물학과 부교수가 되었다. 그리고 열렬한 사랑에

일리야 일리치 메치니코프

메치니코프가 68세였던 1913년 연구실에서 찍은 사진. (출처: 위키피디아)

빠져 결혼하는 등 그의 삶은 굴곡이 있을지언정 좌절은 없는 듯했다. 하지만 호사다마라고나 할까. 어느 날 그의 아내가 결핵에 걸리고 말았다.

결핵에 걸린 아내는 시름시름 앓다가 5년 후 세상을 떠났다. 메치니코프는 더 이상 살 이유가 없다며 죽기로 결심했다. 그런데 모르핀 알약을 한꺼번에 너무 많이 먹는 바람에 자신도 모르는 사이에 토하고 말았다. 그 덕분에 그는 목숨을 건졌다. 그는 죽음의 문턱까지 갔다가 돌아온 뒤 삶의 의욕을 되찾았다. 그는 그 후부터 연구에 몰두하였고 유명한 상을 연속 3회나 수상하여 국제적인 명성을 얻었다. 그러나 재혼한 두 번째 아내 올가마저 장티푸스에 걸려 심하게 앓았다. 사랑하는 사람을 또다시 떠나보내야 한다는 생각에 메치니코프는 다시 자살을 생각했다. 하지만 이전의 죽음을 결심한 것과는 결이 달랐다.

"그래, 죽더라도 의학 발전에 도움이나 주고 떠나자. 장티푸스란 병이 피를 통해 전염되는지 내가 확인해주지."

그는 일부러 장티푸스 병에 걸린 환자의 혈액을 자신의 몸에 주입해 죽음 직전까지 갔으나 신기하게도 다시 살아났다. 그 후 그는 삶에 무한한 애정을 품게 된다.

1881년 러시아의 알렉산더 2세Alexander II가 암살당하자 유대인 박해가 본격화되었다. 그의 삶도 격동기의 역사가 출렁이는 파도를 피할 수 없었다. 메치니코프 역시 극단분자로 몰려 이탈리아 시칠리아섬 메시나로 이주했다. 그곳에 개인 연구실을 꾸미고 동물의 발생 과정을 탐구하는 '발생학'을 연구주제로 삼았다.

그러던 어느 날 투명 불가사리의 먹이 소화 과정을 관찰하다 체내를 자유롭게 옮겨 다니는 방랑 세포들이 침투한 이물질들을 에워싼 뒤 잡아먹는 것을 보았다. 그는 무언가 짚이는 것이 있어 불가사리 유생幼生에 장미 가시를 찔러 놓았다. 다음날 그는 자신의 추측이 옳았음을 알았다. 사람 손에 가시가 박히면 고름이 생기듯 방랑 세포들이 가시 둘레를 에워싸고 있었다. 그는 이 세포들을 '식세포'라고 명명했다. 그는 또 연상 작용을 발휘하기 시작했다.

"불가사리 체내의 방랑 세포들이 외부에서 침입한 먹이를 먹는다면 독성 미생물도 먹어 치울 것이다. 이는 해로운 미생물로부터 불가사리를 보호하는 것이다. 그렇다면 우리 몸의 식세포(백혈구)도 틀림없이 세균들로부터 인간을 보호할 것이다."

그는 '식세포에 의한 세균 탐식설'을 정립하여 의학계에 보고했다. 현대 면역 이론이 최초로 탄생하는 순간이었다.

그는 동물학자에서 느닷없이 병리학자가 되었고 1888년 자신의 이론을 증명하기 위해 파리 파스퇴르연구소를 찾아갔다. 에드워드 제너Edward Jenner가 종두법을 시행하긴 했으나 병원체를 배양해 백신을 만든 건 파스퇴르가 처음이었다. 메치니코프는 무보수로 일할 자리가 있느냐고 물었고 파스퇴르는 즉각 그를 미생물 연구실 책임자로 앉혔다. 그는 식세포 연구에 몰입했다. 이후 건강이 나빠진 파스퇴르는 1895년 메치니코프에게 소장 자리를 물려주고 숨을 거뒀다. 1901년 메치니코프는 저서 『감염성 질환과 면역』에서 '식세포와 세균의 싸움이 면역의 기본'이라는 '세포면역설'을 강하게 주장했다. 인체에 면역이라는 치유력이 내재되어 있다는 현대의학의 개념을 처음 밝혀낸 것이다.

독일 면역학계와 선의의 경쟁을 하다

하지만 라이벌인 독일 코흐연구소는 세균에 대한 면역은 식세포가 아니라 혈청에 의한 것이라고 반박했다. 그 선두에 '살바르산 606' 매독 치료제로 화학요법의 새 장을 연 유대인 생화학자 파울 에를리히Paul Ehrlich가 있었다. 그는 항원항체반응 이론을 주장했다. 치열한 논쟁은 20년 넘게 계속됐다. 서로 간의 경쟁은 연구에 더욱 박차를 가하게 만들었다. 사실 프랑스는 식세포(백혈구) 작용에 의한 '선천면역'을, 독일은 항원항체반응에 의한 '획득면역'을 알아낸 것이었다. 그 후 두 이론이 모두 옳다는 것이 밝혀져 오늘날 면역학의 기초를 이루었다. 이 공로로 메치니코프는 1908년 에를리히와 공동으로 노벨생리의학상을 수상했다. 이렇듯 면역학의 창시자는 의사나 의과학자가 아니라 동물학자와 생화학자였다. 인류의 '평균수명 연장'은 두 유대인 면역학자 덕분이었다.

그 후 메치니코프는 동물학과 의학의 경계를 넘나들며 수많은 인명을 빼앗는 콜레라와 매독 백신 연구에 집중했다. 그는 콜레라 연구 중 장내 미생물의 역할에 주목했다. 콜레라균에 감염된 사람이 병에 걸릴지는 장내 미생물에 달려 있다는 가설을 세웠다. 심지어 그는 이를 임상적으로 증명하기 위해 콜레라균이 섞인 각종 오염된 물들을 직접 마시기도 했다.

요구르트의 세계화를 이끌다

메치니코프는 매독을 연구하다 혈관을 뻣뻣하게 만드는 동맥경화가 노화를 촉진한다고 보았다. 이로써 노화 방지 연구도 시작했다. 그는 장내 세균의 독소와 노화 사이에는 밀접한 연관성이 있음을 발견하고 장내 부패가 인간 노화의 중요한 원인이라고 주장했다. 그는 100세 넘게 장수하는 불가리아인들이 평소 요구르트를 많이 마신다는 사실에 착안해 유산균 연구에 몰두했다.

메치니코프는 1907년 「생명 연장」이라는 논문에서 독성 균이 장내 소화되지 않은 음식물과 숙변 물질로 독소를 만들어 수명을 단축시킨다면서 불가리아 유산균이 젖산을 만들어 장내 독성 균들

18, 19세기 대표 의학자들

18, 19세기 의학계를 대표하는 인물들을 그린 포르투갈 화가 벨로소 살가도José Maria Veloso Salgado의 작품(1905년). 가운데 흰색 가운을 입은 인물이 루이 파스퇴르이고 바로 왼쪽 검정 옷을 입은 인물이 일리야 메치니코프다. (출처: 위키피디아)

을 쫓아버린다고 주장했다. 그의 노화 방지 이론은 엄청난 반향을 일으켜 연일 신문들이 대서특필했다. 현재 세계에서 판매되는 요구르트는 그의 공이라고 해도 과언이 아니다. 그리고 그는 1910년 매독 치료제인 염화제1수은 연고를 발견했다.

메치니코프와 에를리히처럼 학문 간 경계를 뛰어넘는 통섭형 과학자들 덕분에 각종 백신이 발명됐다. 지금으로부터 약 120년 전부터서야 인류가 전염병의 공포에서 해방되기 시작한 것이다.

[더 읽을거리]
면역학이 인간의 평균수명을 늘렸다

인간의 평균수명은 최근 150년 사이에 2배로 늘어났다. 150년 전 미국인 평균수명이 35세에서 40세 사이였다. 우리나라 평균수명은 더 빠르게 늘어나고 있다. 1936년 42세 평균수명에서 2020년 기대수명은 83.5세로 불과 80여 년 만에 2배에 이를 정도로 급속하게 수명이 늘어나고 있다.

그간 인간 수명의 최대의 적은 전염병이었다. 선진국에서조차 20세기 초까지 사망 원인이 거의 전염병이었다. 사람들은 수백 년 동안 전염병은 신이 내린 형벌 또는 공기 중의 독 때문이라고 믿었다. 하지만 몇몇 사람들만이 미생물이 병원균으로 작용하는 것이라고 생각했다. 1867년 프랑스 화학자 루이 파스퇴르Louis Pasteur에 의해 이것이 사실로 밝혀졌다. 당시 파스퇴르연구소에는 백신 개발에 기여한 유대인 연구원이 있었다. 바로 병원균을 잡아먹는 식세포를 최초로 발견해 면역학의 기초를 확립한 일리야 메치니코프였다.

그 후 면역학 등 의학의 발달로 인류의 평균수명은 급속히 늘어나고 있다. 그중에서도 평균수명이 급속도로 늘어나는 국가가 우리나라이다. 유엔UN은 향후 세계 최장수국으로 한국을 꼽았다. 평균수명의 증가는 다양한 변화를 몰고 오고 있다. 과거에는 사람의 인생이 환갑을 전후해 끝났다. 하지만 이제는 정년 이후 2막의 삶을 준비해야 하고 앞으로 100세 시대에는 인생을 3막으로 나누어 설계해야 한다.

7장

격변의 세계사 주역이 되다

러일전쟁 승리의 주역은
유대인이다

만주에 세력을 넓힌 러시아가 압록강 주변에서 벌채사업을 하다 1903년 4월 압록강 하구 의주 용암포를 기습적으로 불법으로 점령하자 일본과 러시아는 일촉즉발의 상태에 놓이게 된다. 일본과 러시아는 한반도와 만주에 대한 통치권을 놓고 수차례 협상을 벌였다.

　다급해진 일본은 "만주는 러시아가, 조선은 일본이 나누어 갖자."라고 제안했다. 그러나 러시아는 "만주는 전적으로 우리 것이다. 조선에 대한 일본의 경제적 권리는 인정하지만 그 이상의 정치적 권리는 인정 못한다."라고 선을 그었다. 그 후 1903년 9월 러시아는 일본에 최후통첩을 던졌다. '한반도를 북위 39도선을 경계로 북쪽은 러시아, 남쪽은 일본이 지배하자.'라는 분할 통치안을 역으로 제안했다.

거인과 난쟁이의 전쟁

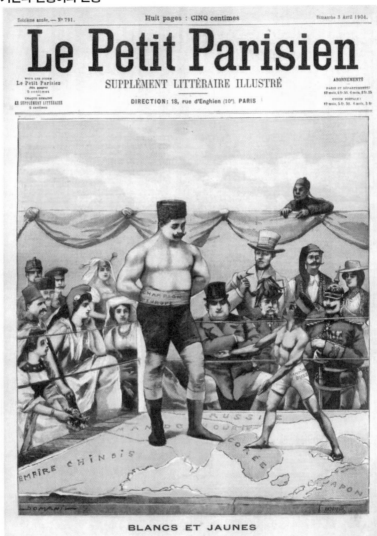

러일전쟁 직후인 1904년 4월 프랑스 신문 『르 쁘띠 파리지엥Le Petit Parisien』에 실린 만평 '거인과 난쟁이의 전쟁'. 한반도 주도권을 둘러싸고 '난쟁이' 일본이 '거인' 러시아에 도전한 무모한 전쟁이라는 서구의 시각이 반영되어 있다.

러일전쟁 당시 조선의 모습을 묘사한 삽화 (출처: 위키피디아)

왜 유대인은 러일전쟁에 영향을 미쳤는가

협상은 결렬되었다. 일본은 전쟁이 불가피하다고 판단했다. 1904년 2월 6일 일본 함대들이 인천에 정박 중인 러시아 군함 2척을 격침시키고 남양만과 백석포에 군대를 상륙시켜 서울을 점령한 후 북진했다. 일본 함대는 러시아 극동함대사령부가 있는 뤼순(여순)항으로 직진해 공격을 개시했다. 이것이 러일전쟁의 시작이다. 일본이 노골적으로 조선 정복욕을 드러낸 것이다. 그 후 일본군은 압록강 전투에서 승리하여 만주로 진격했다. 일본이 강대국 러시아와 전쟁을 한다는 것 자체가 무리라고 보았던 서방세계는 일본의 연전연승에 깜짝 놀랐다.

러일전쟁 때 일본 전비는 청일전쟁 때보다 8.5배나 많았다. 당시 일본 국내총생산GDP 6.6년 치 규모였다. 일본은 전쟁 자금을 국내외 국채발행으로 충당했다. 그중 40퍼센트가 해외 차용이었다. 전쟁 지속가능 여부는 전적으로 얼마나 많은 자금을 해외에서 얻을 수 있는가에 달려 있었다. 당시 런던 채권시장에서 신용등급이 낮았던 일본이 어떻게 그 큰돈을 빌릴 수 있었을까?

해외 차용 임무는 일본 중앙은행이 맡았다. 책임자는 다카하시 고레키요高橋是清 부총재였다. 다카하시는 런던 금융가에 제법 지인들이 있었기 때문에 전비를 마련하는 데 적역이었다. 그는 전쟁 직

러일전쟁 진행 상황 지도

후 전비 마련 특명을 받고 런던으로 급히 향했다. 하지만 현지의 반응은 기대와 사뭇 달랐다. 누구도 일본국채 인수에 응하지 않았다. 다카하시의 지인들은 일본이 이미 런던에서 발행한 국채가 인기가 없었을 뿐만 아니라 전쟁 리스크를 피하려는 기색이 역력했다. 그 무렵 런던에서 발행된 국채 이자율을 보면 멕시코, 그리스, 에콰도르가 4퍼센트이고 중국과 쿠바가 5퍼센트인 데 비해 일본은 6퍼센트로 신용등급이 가장 낮았다. 다카하시는 금융기관을 찾아가 1,000만 파운드 국채 발행을 협의한 결과 일단 절반만 발행하자는 제의를 받았다.

이 무렵 그는 런던의 한 친구가 초대한 만찬에서 우연히 미국 투자금융회사 '쿤-롭사' 대표 유대인 제이콥(야곱) 시프Jacob H. Schiff와 나란히 앉았다. 시프는 러일전쟁에 큰 관심을 보였다. 다카하시는 그에게 전황을 상세히 설명했고 국채 발행의 어려움을 토로했다. 다음날 시프는 나머지 절반을 자기가 인수하겠다는 의사를 밝혀왔다. 지금 돈으로 50억 달러에 달했다. 알고 보니 그는 로스차일드 가문의 미국 대리인으로 국제 금융계에 꽤 영향력 있는 인물이었다.

일본군이 압록강 전투에서 승리를 거둔 후 일본은 1,200만 파운드의 두 번째 국채발행에 나섰으나 국제 금융계는 일본국채 인수에 여전히 미온적이었다. 일본이 러시아 극동함대본부 뤼순항을 신속하게 점령하지 못하자 승전 전망이 불투명하다고 보았기 때문이다. 이번에도 시프가 발 벗고 나서서 뉴욕과 런던에서 동시에 국채를 발행토록 해주었다.

제이콥 시프

러일전쟁 때 유대인 제이콥 시프는 일본이 승리할 수 있도록 국채를 인수해주었다. 그가 일본을 도왔던 것은 러시아의 반유대주의와 포그롬에 대한 보복 때문이었다.

왜 제이콥 시프는 일본을 지원했던 것일까? 그는 러시아가 유대인을 박해하는 데 분노하고 있었다. 러시아 차르(군주)는 혁명 세력을 다독이기 위해 의도적으로 유대인들을 핍박했다. 유대인들을 발트해와 흑해 사이에서만 살도록 거주지를 제한했다. 차르의 유대인 억압 조치는 국민들의 반유대주의를 자극했다. 게다가 흉흉한 소문이 돌았다. 유대인들이 기독교도 소년을 잡아가 종교의식을 위해 죽인다는 소문이 퍼진 것이다. 그러다 보니 곳곳에서 유대인들이 학살되었다. 시프는 율법의 가르침에 따라 러시아 유대인들을 구해야겠다는 책임감을 느껴 자신의 부와 정치적 역량을 총동원했다. 그는 1906년 미국 유대인위원회AJC 창설을 주도해 러시아와 동구 유대인들이 미국에 이민 올 수 있도록 미국 정부를 압박해 이민 문호를 확대시켰다.

러일전쟁 당시 사실 은밀한 전쟁은 러시아 내부에서도 진행되었다. 시프를 위시한 유대 금융인들은 유대인 레온 트로츠키Leon Trotsky가 주도하는 혁명을 지원했다. 한편 1905년 1월 일본이 여순항을 점령하는 과정에서 러시아군 2만 2,000명을 포로로 잡았다. 시프는 포로들에게 볼셰비키 혁명의 정당성을 교육하여 귀국하면 혁명 전선에 참여하도록 만들었다.

근대 이후의 전쟁은 본질적으로 금융전쟁이다

일본이 만주 전투에서 연전연승을 하며 우세를 보이자 세계는 경이로운 눈으로 지켜보았다. 이런 분위기는 일본의 3차 국채발행에 긍정적 영향을 미쳤다. 이번에는 시프가 일본국채의 이자율을 낮추어 주도록 금융가들과 직접 협상을 벌였다. 1905년 3월 3,000만 파운드의 일본국채가 4.5퍼센트 금리로 발행되었다. 1905년 6월경 시어도어 루스벨트 미국 대통령이 러일전쟁을 중재하고 나섰을 무렵 일본 정부는 다카하시에게 네 번째 국채발행을 지시했다. 하지만 런던 금융계의 반응이 좋지 않았다. 일본이 큰 규모의 국채를 너무 자주 너무 많이 발행했기 때문이다. 그러자 시프는 독일을 끌어들여 미국, 영국, 독일이 각각 1,000만 파운드를 인수하는 4차 국채발행을 성사시켰다.

근대 이후의 전쟁은 본질적으로 금융전쟁이다. 시프가 지원하여 판매한 대규모 일본국채는 일본이 승리하는 데 결정적 힘이 되었다. 일본이 국제 금융시장에서 계속 상상을 초월하는 외자를 도입한 반면에 러시아는 처음에 프랑스에서 자금을 조달했으나 나중에는 국내에서조차도 국채발행이 불가능한 상태가 되었다. 게다가 당시 러시아는 전국적으로 혁명이 일어나 일본은 유리한 입장에서 러시아와 평화협정을 맺을 수 있었다.[4]

포츠머스 강화조약에서 한국의 운명이 결정되다

1905년 9월 시어도어 루스벨트가 중재한 포츠머스 강화조약에서 일본은 러시아로부터 조선은 물론 뤼순과 다롄의 조차권과 사할린까지 양도받았다. 대신 루스벨트는 일본이 요청한 막대한 배상금은 묵살했다. 루스벨트는 부통령 시절 "조선인은 자치능력이 없어 일본의 지배를 받아야 한다."라고 말했던 인물이다. 게다가 포츠머스 강화조약 두 달 전 일본 총리 가쓰라 타로桂太郎와 미국 육군장관 윌리엄 태프트William Howard Taft 사이에 '필리핀과 조선은 각각 미국과 일본이 차지한다'라는 '가쓰라-테프트' 밀약이 맺어진 상태였다.

루스벨트가 한국을 일본에 넘겨준 사실을 모르는 고종은 1905년 10월 루스벨트에게 친서를 보내고 패전국 러시아에 매달렸다. 하지만 다음 달 11월 일본과 을사늑약을 체결하게 된다. 이로써 한국의 외교권은 일본에 넘어갔다. "과거를 잊은 민족에게 미래는 없다."라는 말과 "용서는 하되 잊지는 말자."라는 유대인 경구가 떠오르는 대목이다. 전후 제이콥 시프는 천황의 초청으로 일본을 방문해 외국인으로 처음으로 최고 훈장을 받은 후 우리나라도 방문한 바 있다.

아관파천이 러일전쟁의 발단이 됐다

1894년 청일전쟁 패배로 청나라는 일본에 막대한 전쟁배상금을 지불하고 영토까지 넘겨주어야 했다. 러시아는 랴오둥반도의 할양을 반대했음에도 일본이 뤼순항을 차지하자 영향력이 너무 커질 것을 우려해 독일과 프랑스를 끌어들여 삼국간섭으로 랴오둥반도를 다시 청에 반환하게 했다. 나아가 러시아는 블라디보스토크에서 요동반도를 연결하는 동청철도를 건설하여 만주 지역으로 세력을 뻗쳤다.

1895년 10월 명성황후가 일본군에 의해 살해당하는 을미사변이 일어나고 일본군과 친일 세력에 의해 경복궁에 감금당한 고종은 이듬해 2월 탈출해 러시아공관으로 피신한 사건이 '아관파천俄館播遷'이다. 이 사건으로 일본의 영향력과 친일 내각이 붕괴되고 고종의 신변을 확보한 러시아의 영향력이 커졌다. 친러내각이 구성된 뒤 1897년 10월 대한제국이 건국되었다. 이듬해에 러시아가 청나라와 비밀동맹을 맺어 일본이 반환한 뤼순(여순)과 다롄(대련)을 조차하여 해군기지로 쓰자 일본의 분노는 극에 달해 1904년 2월 대한제국의 운명을 가름하는 러일전쟁이 발발하게 된다.

미국 정계에
유대인이 중용되다

바이든 대통령은 역대 미국 대통령 중 친유대 성향이 가장 강한 것 같다. 주요 요직에 유대인을 대거 발탁했을 뿐만 아니라 자녀 3명 모두 유대인과 결혼했다. 카멀라 해리스Kamala Harris 부통령 남편도 유대인이다. 왜 바이든 대통령은 유대인도 아닌데 친유대인 성향을 보이는 것일까? 이러한 성향을 개인의 호불호로만 따질 수 없다. 그보다 미국의 정치구조를 들여다보면 어느 정도 답을 알 수 있다.

미국 대선은 정치후원금과 언론의 지지 여부가 관건이다. 선거 자금이 워낙 많이 들어 개인의 힘으로는 치를 수 없다. 미국 정치 자금 추적 민간단체인 '책임정치센터'는 지난 선거 비용을 총 140억 달러로 추산했다. 그렇다 보니 대선 후보들은 유대인을 잡아야 당선될 수 있다고 불문율처럼 인식해왔다. 그들이 선거 후원금과 언론의 지지에 큰 영향력을 갖고 있기 때문이다.

중세 유대인 집단 학살

나라 없이 떠돌았던 유대인들은 역사의 굴곡마다 학살과 추방의 참극을 경험했다. 15세기 말 이베리아반도에서는 통일 왕국을 세운 스페인 가톨릭 세력이 유대인들을 국외 추방했다. 이들 중 다수가 네덜란드에 정착한 뒤 전쟁 자금을 대며 정치 권력에 밀접하게 연결되기 시작했다. 스페인 화가 비센테 쿠탄다 토라야가 중세 톨레도에서 벌어진 유대인 집단 학살을 그린 그림「구세주의 발아래−중세의 유대인 살해」(1887년작). 스페인 사라고사 미술관 소장. (출처: 위키피디아)

이번 선거 후원금도 바이든이 10억 7,000만 달러를 모아 트럼프의 7억 3,000만 달러를 앞섰다. 또 바이든 지지 언론 매체가 트럼프보다 압도적으로 많아 119대 6이었다. 유대인 75퍼센트 이상이 바이든을 지지했다고 이스라엘과 미국 언론들이 보도했다. 이렇게 바이든을 대통령으로 만든 세력 중 하나가 유대인이다. 유대인은 역사적으로 미국 권부에 깊숙이 개입해 왔다.

매년 3월 워싱턴D.C.에서 유대인 총회가 열린다. 이 총회에 연방의원 대부분이 참석한다. 왜 유대인 총회에 미국 의원들이 얼굴을

유대인 총회

매년 3월 워싱턴 D.C.에서 열리는 유대인 총회AIPAC (출처: 위키피디아)

내밀까? 이 총회의 하이라이트가 롤콜roll call 행사로 이스라엘과 유대인들에게 우호적인 의정 활동을 한 의원 명단을 200위까지 발표한다. 이는 정치후원금과 언론의 지지에 비례하게 된다.

왜 유대인들이 정치권력에 민감하게 반응하는가

1492년 유대인들이 스페인 왕국에서 추방당한 후 비교적 종교의 자유가 있는 네덜란드 저지대에 정착했다. 그때부터 다시는 정치권력에 배척당하지 않겠다고 결심했다. 네덜란드 독립전쟁을 총괄했던 빌럼 2세William II와 프랑스와의 전쟁을 지휘하는 빌럼 3세를 적극적으로 도왔다. 유대인들은 전쟁 자금 지원을 위해 전쟁 채권 시장을 활성화했다. 그리고 앞에서 살펴본 대로 영국 의회가 빌럼 3세를 영국 왕으로 추대하자 유대 금융인 8,000명이 따라 건너갔다. 네덜란드의 빌럼 3세가 영국 왕 윌리엄 3세가 된 이 사건을 피한 방울 흘리지 않고 혁명을 이루었다고 해서 '명예혁명'이라 부른다.

영국 왕이 된 윌리엄 3세는 프랑스와 전쟁을 시작하면서 다시 한번 유대인들에게 손을 내민다. 유대인들은 막대한 전쟁 자금을 모으기 위해 '전쟁 기금 모금 기구'를 만들어 윌리엄 3세에게 모은 자금을 빌려주고 그 모금 기구를 영란은행으로 전환해 왕의 채무 증서를 토대로 은행권을 발권했다. 이때부터 국채와 화폐 발행이 연계되었다. 그 후 미국으로 건너온 유대인들은 미국 초대 대통령이 되는 조지 워싱턴George Washington이 독립전쟁을 지휘할 때도 물심양면으로 도왔다. 유대인들이 미국의 독립과 함께 정치 권력과 밀접하게 연결된 이유다.

왜 정치인들이 월스트리트에 모여드는가

17세기 초 네덜란드 동인도회사가 맨해튼을 개발하기 시작한 이래 뉴욕 건설의 주역은 유대인이었다. 유대인들은 월스트리트를 중심으로 무역과 금융업을 주도했다. 돈이 도는 곳에는 사람이 모이게 마련이다. 정치후원금도 월스트리트 유대인들이 가장 많이 내자 정치가들도 월스트리트로 모여들었다. 자연히 월스트리트가 금융 중심지뿐만 아니라 정치 중심지도 겸하게 되었다.

연방 의회 의사당 페더럴 홀이 월스트리트에 들어서 1789년 뉴욕이 미국 최초의 수도가 되었다. 같은 해 3월 상원과 하원이 페더럴 홀에서 개원했고 4월에는 조지 워싱턴이 페더럴 홀에서 초대

월스트리트 뉴욕증권거래소 인근에 세워진 미국 최초의 연방의사당 페더럴 홀

대통령으로 취임했다. 유대인들의 본거지 월스트리트가 미국 정치의 중심지가 된 것이다. 이때 미국 금권정치의 씨앗이 잉태되었다. 하지만 수도가 너무 북쪽에 치우쳐 있다는 남부의 반발로 양당 간 정치적 거래가 이루어져 수도가 필라델피아를 거쳐 워싱턴D.C.로 이전하게 된다.

왜 미국 정계에 유대인들이 중용되나

유대인들을 본격적으로 중용하기 시작한 대통령은 프랭클린 루스벨트였다. 그는 싱크탱크를 처음으로 활용한 대통령인데 가까운 브레인에 유대인이 많았다. 재무장관에 유대인 헨리 모건소 주니어Henry Morgenthau, Jr를 발탁했다. 당시 루스벨트의 뉴딜 정책과 수정자본주의를 이끌었던 주요 인사들이 유대인이라 일부 언론은 뉴딜 정책을 주딜 정책이라 불렀다.

유대인인 헨리 키신저Henry Alfred Kissinger는 닉슨 대통령 시절 국가 안보 보좌관과 국무장관을 지냈다. 그는 1973~1975년에 두 직책을 겸임해 외교와 안보 정책의 전권을 휘둘렀다. 미·소 '전략무기제한협정', 중국과 관계 개선, 사우디아라비아와 석유 결제 통화로 달러만을 사용할 것을 끌어낸 협상 등이 그의 작품이다. 그 후 재무장관과 국무장관에 유대인이 발탁되기 시작했다.

백악관 안보 회의에서 한국의 운명이 결정되다

빌 클린턴Bill Clinton 대통령 시절 우리나라 운명을 결정하는 회의가 백악관에서 열렸다. IMF 외환위기 때인 1997년 12월 18일 김영삼 정부는 외환 보유액을 250억 달러라고 발표했으나 실상은 39억 달러에 불과했다. 한국경제 파산이 경각에 달려 있었다. 이튿날인 12월 19일 금요일 백악관 지하 벙커 상황실에서 클린턴 대통령 주재로 국가 안보 회의가 열렸다. 매들린 매들린 올브라이트Madeleine Albright 국무장관, 윌리엄 코언William Sebastian Cohen 국방장관, 로버트 루빈Robert Rubin 재무장관, 샌디 버거Sandy Berger 국가 안보 보좌관이 참석했다. 대통령을 제외한 네 명이 모두 유대인이었다. 이날 의제는 한국의 외채 만기 연장 문제였다. 우리나라 운명을 유대인들이 결정하는 순간이었다. 월가 출신의 루빈은 시장 논리를 들어 한국 채권의 만기 연장 문제는 민간 금융기관에 맡겨야 한다고 주장했다.

"한국은 미군 수만 명이 휴전선을 사이에 두고 북한과 총을 겨누고 있는 나라다. 한국의 경제 위기는 이런 상황을 고려해서 풀어가야 한다."

반론이 제기되었다. 코언 국방장관이었다. 올브라이트 국무장관도 코언 장관을 거들고 나섰다. 이날 회의 결과는 한국의 파산을 막자는 결정이었다. 곧 한국에 대한 자금 지원을 조기에 재개하고 미국 정부가 나서서 각국 은행들의 외채 연장을 적극적으로 유도하기로 했다. 파산 직전의 한국경제가 안보 논리로 해결되었다.

1997년 12월 23일 미국 재무부와 연준은 바빴다. 유대인 3인방인 루빈 장관, 로렌스 서머스Lawrence Henry Summers 부장관, 티모시 가이트너Timothy Geithner 차관과 뉴욕연준 총재는 미국 은행장들은 물론 한밤중인 유럽과 일본 등 전 세계 재무부 장관과 은행장들에게 전화를 걸어 한국의 부채를 회수하지 말라고 설득했다. 한국의 파산을 막아주기 위한 고육지책이었다. 이렇게 미국의 국무장관과 재무장관은 국제관계와 세계 경제 향방에 큰 영향을 미치고 있다. 그런 자리를 이번 바이든 정부에서도 유대인들이 꿰찼다.

주요 요직에 유대인들을 대거 등용하다

바이든 신임 대통령은 정부 핵심 요직에 유대인을 대거 등용했다. 30년 최측근인 유대인 론 클레인Ron Klain을 백악관 비서실장에 임명했다. 바이든은 부통령 시절에 비서실장으로 기용했고 대선 캠

프에서는 수석 참모로 기용했다. 바이든이 인선한 각료와 보좌관 명단에서도 유대인이 강세다. 국무장관 토니 블링컨Tony Blinken, 재무장관 재닛 옐런, 국토안보부 장관 알레한드로 마요르카스Alejandro Mayorkas가 유대인이다. 바이든이 무게를 두는 기후 특사로 임명된 존 케리John Kerry 전 국무장관의 조부도 유대인이다.

국가 안보 투톱도 유대인으로 임명했다. 국가정보원DNI장에 CIA 부국장을 지낸 애브릴 헤인스Avril Haines를 임명했다. 그는 FBI와 CIA 등 16개 정보기관을 총괄한다. 에브릴 헤인스와 호흡을 맞출 백악관 국가 안보 보좌관에는 유대인 제이크 설리번Jake Sullivan이 내정됐다. 44세라는 젊은 나이에 국가안전보장회의NSC를 이끄는 중책을 맡았다. 그의 풀네임은 제이콥 제러마이아 설리번이다. 그는 힐러리 클린턴Hillary Rodham Clinton 국무장관 시절 35세의 나이로 정책기획국장을 맡아 오바마와 힐러리의 총애를 받았던 인물이다. 그의 영민함이 바이든 눈에도 띄어 이후 부통령 안보보좌관이 되었다.

이스라엘의 문제는 곧 미국의 문제다

미국 국무장관은 각료 서열 1위이다. 그만큼 막중한 자리다. 바이든의 분신이라는 토니 블링컨Tony Blinken은 대북 강경론자다. 그러나 국무부 부장관 시절 영변 핵 시설에 대한 정밀 폭격에는 반대했다. 국가 안보 투톱 역시 유대인이라 북핵 문제에 민감할 수밖에 없다. 이란의 핵 개발에 북한의 지원이 있을까 봐 이스라엘이 심히 우려하기 때문이다. 이스라엘의 문제는 곧 미국의 문제일 수밖에 없다.

시장이 반긴 사람은 재닛 옐런이다. 그가 인선되자 주식시장이 먼저 환호했다. 옐런이 재무장관이 되면 재정 정책을 확대해 돈이 많이 풀려 주식 등 자산 가격이 더 오를 것으로 기대하기 때문이다. 서민들 역시 그를 반기고 있다. 옐런이 저소득층 지원과 일자리 창출에 진력할 것이라고 보기 때문이다.

엄마가 유대인이면 유대인이다

유대인에 대한 정의는 시대에 따라 다르다. 히틀러 때는 조부모 중 한 사람이라도 유대인이면 유대인으로 간주해 처형했다. 유대인은 이제 혈통으로 구분하지는 않는다. 2,000년간의 디아스포라 생활에서 피가 많이 섞였기 때문이다.

세파르디(스페인계) 유대인이 검붉은 팔레스타인 중동계 인상을 그대로 간직하고 있는 반면에 아슈케나지(독일계) 유대인들은 십자군 전쟁 때 슬라브족이 사는 동구와 러시아로 피신해 백인의 모습을 띠고 있다. 그래서 오늘날 유대인은 혈통이 아니라 종교로 구분한다. 유대교를 믿는 사람이 유대인이다. 이방인이라도 유대교를 믿으면 랍비의 검증을 거쳐 유대인이 될 수 있다.

1948년 이스라엘 건국 후 유대인을 받아들일 때 어머니가 유대인이면 모두 유대인으로 인정했다. 그만큼 엄마의 종교적, 교육적 영향력이 절대적임을 인정한 것이다. 아버지가 유대인이고 어머니가 이방인일 때는 랍비의 검증을 거쳐야 한다. 바이든의 다섯 손주가 유대인인 이유는 어머니들이 유대인이기 때문이다.

목숨 걸고 인플레이션과의
전쟁을 벌이다

미국 연준의 주된 임무는 크게 두 가지다. 첫째는 인플레이션이 발생하지 않도록 선제적으로 대응하는 것이다. 둘째는 경기 부양으로 일자리를 창출해 실업률을 낮추는 것이다. 하지만 두 임무는 곧잘 상충하기도 한다.

정치가는 경기 부양을 원하고 연준 의장은 인플레이션을 막으려 하다 보면 둘은 종종 부딪치곤 한다. 중앙은행의 독립성이 보장되어야 하는 이유다. 도널드 트럼프Donald Trump 전 대통령은 선거 유세 당시부터 긴축 정책을 펴는 재닛 옐런Janet Yellen 연준 의장을 비판했다. 그는 옐런이 제때 금리를 내리지 않아 경제를 왜곡했다고 비판하면서 자기가 당선되면 제일 먼저 자를 사람이라고 공언했다. 그 후 트럼프는 직접 해임하기보다는 후임자를 자기 사람으로 바꾸는 쪽으로 방향을 바꿨다.

2017년 11월 트럼프 대통령이 제롬 파월Jerome Powell 연준 이사를 연준 의장으로 지명함에 따라 재닛 옐런은 39년 만에 연임에 실패한 연준 의장이 되었다. 그 뒤 트럼프는 직간접으로 파월 의장에게 경기 부양 압력을 넣었다. 파월은 2020년 2월 팬데믹 사태를 맞자 과감한 금리 인하와 화끈한 양적 완화로 트럼프의 기대에 부응했다. 연준이 어찌나 돈을 많이 찍어냈는지 2008년 글로벌 금융위기 이후 불과 14년 만에 연준의 통화 발행액은 무려 10배가 넘는 9조 달러에 육박했다. 여기에 더해 미·중 무역 전쟁에 따른 공급망 붕괴와 러·우크라이나 전쟁으로 유가, 곡물, 원자재 가격이 치솟아 물가 전망을 어둡게 만들고 있다.

결단과 실행으로 인플레이션과 싸우다

이런 일이 리처드 닉슨Richard Nixon 대통령 때도 있었다. 재선을 앞둔 닉슨 대통령은 연준의 독립성을 외치는 윌리엄 마틴William Martin 연준 의장이 마음에 들지 않았다. 마틴은 "미국 중앙은행의 임무는 파티가 한창 달아오를 때 그릇을 치우는 일이다."라는 유명한 말을 남긴 인물이다. 닉슨은 연준 의장 자리에 자기 사람을 앉히고 싶어 경제 보좌관 아서 번스Arthur Burns를 1969년 연준 의장에 임명했다. 그리고 과도한 유동성이 문제가 되던 상황임에도 닉슨은 재선을 위해 번스 의장에게 경기 부양을 위한 통화 팽창 정책을 요구했다. 연준의 통화 정책에 노골적으로 개입한 닉슨은 이듬해 재선에 성공했다.

1971년 8월 닉슨 쇼크로 금과 고리가 끊어진 달러는 마음만 먹

으면 양껏 발행할 수 있었다. 아서 번스_{Arthur Barns} 연준 의장은 물
가가 오르는 상황에서 긴축 정책을 쓰지 않고 통화 팽창 정책을 지
속하려니 인플레이션 수치를 가능한 한 낮게 보일 필요가 있었다.
그래서 연준 위원들의 반대에도 불구하고 소비자물가지수에서 변
동성이 큰 식음료와 유가를 제외하고 만든 것이 '근원 인플레이션
지수'다. 이후 근원 인플레이션이 허용하는 한도 내에서 달러는 무
제한 발행되었다. 게다가 4차례 중동전쟁으로 1973년 1차 석유 파
동이 들이닥쳤다. 번스 연준 의장 재임 기간인 1970~1978년 9년
동안 평균 물가 상승률은 9퍼센트였다.

　1979년 2차 석유 파동이 일어나 미국의 인플레이션율이 두 자
릿수로 치솟았다. 1979년 미국 인플레이션율은 13.3퍼센트나 되
었다. 이러한 상황에서 연준의 해결사로 등장한 인물이 폴 볼커_{Paul}
_{Adolph Volcker}였다. 1979년 8월에 취임한 폴 볼커는 긴축을 통해 인
플레이션과 전쟁한다고 선언했다. 긴축 정책을 쓰면 경기 침체가
심해져 대중과 정치인들이 반발하게 마련이다. 볼커는 앞뒤 안 가
리고 인플레이션과 싸우기 시작했다. 1979년 10월 6일 기준금리
를 11.5퍼센트에서 15.5퍼센트로 4퍼센트 포인트나 올리는 조치
를 단행했다. 당시 언론은 이를 '토요일 밤의 학살'이라 불렀다. 그
러자 모기지 금리는 18퍼센트, 은행 금리는 20퍼센트 가까이 뛰어
올랐다. 주식과 집값이 폭락했다. 기업들의 파산이 잇따랐고 실업
자가 폭증했다.

　폴 볼커는 1927년 뉴저지에서 독일계 유대인 가정에서 태어났
다. 그는 아버지에게 소신과 검약의 신조를 물려받았다. 그는 프린

스턴대학교 우드로 윌슨 스쿨을 수석 졸업하며 졸업 논문에서 제 2차 세계대전 이후 연준이 인플레이션 관리에 실패한 이유를 분석했다. 당시 유대인들이 직장을 구하기는 하늘의 별 따기였다. 볼커는 수석 졸업생이라 다행히 연준의 인턴 자리를 구해 조사 보조원으로 일할 수 있었다. 그 뒤 하버드대학교 행정대학원 정치경제학 석사를 거쳐 런던정경대학교에서 수학한 뒤 1952년 연준에 통화량 분석 담당 정규직으로 입사했다. 이후 1957년 급여가 많은 체이스맨해튼 은행 이코노미스트로 자리를 옮겼다. 그 뒤 1962년에 재무부 금융분석국장으로 등용되었다가 1965년에 체이스맨해튼 부행장으로 복귀했다. 그렇게 연준, 재무부, 민간은행을 섭렵했고 1971년에 재무부 국제 통화 담당 차관으로 발탁되어 닉슨이 그해 8월 15일 달러의 금 태환 중지를 발표할 때 중요한 역할을 했다. 이로써 달러는 금과 고리가 끊어지고 전적으로 미국의 신용에 의존하는 신용화폐Fiat Money가 되었다.

그 뒤 볼커는 1975년부터 4년 동안 뉴욕 연방준비은행 총재를 거쳐 1979년 카터 대통령에게 연준 의장으로 임명받았다. 당시 미국의 인플레이션은 무려 13퍼센트에 달했다. 국가에서 인플레이션 파이터로 부름을 받았다. 그는 이를 피할 수 없는 운명으로 받아들였다. 그는 이제 인플레이션을 잡기 위해 모든 사람과 싸울 수밖에 없음을 직감했다.

지미 카터Jimmy Carter도 처음에는 인플레이션 억제 캠페인을 벌였으나 시중 금리가 20퍼센트까지 올라가면서 이야기가 달라졌다. 고금리로 경기가 악화되어 유권자로부터 지지를 잃어버렸기 때문

1981년 로널드 레이건 정부 출범

1979년 지미 카터 정부 때 연준 의장이 된 폴 볼커는 1981년 로널드 레이건 정부 출범 이후에도 인플레이션을 잡기 위해 고금리 정책을 이어갔다. 그는 인플레이션이 14.8퍼센트까지 치솟자 기준금리를 20퍼센트까지 올렸다. 볼커를 그대로 두면 대통령 연임은 어렵다는 주장이 나왔다. 하지만 레이건은 개입하지 않았다. 그 후 인플레이션이 잡히기 시작했고 미국 경제가 되살아나는 계기가 됐다.
(출처: 게티이지미코리아)

이다. 그럼에도 카터는 연준의 독립성을 지켜주기 위해 볼커의 정책에 개입하지 않았다. 1980년 가을 대선에서 카터는 '신자유주의와 감세 정책'을 들고 나온 공화당의 로널드 레이건에게 패해 재선에 실패했다. 결정적 패인 중 하나가 볼커의 고금리 정책이었다.

이후 볼커는 더욱 독하게 긴축 정책을 밀어붙였다. 1981년 6월 인플레이션이 14.8퍼센트까지 치솟자 기준금리를 20퍼센트까지 올렸다. 무서운 결단이었다. 로널드 레이건Ronald Reagan 대통령도 고금리 정책을 좋아하지 않았지만 미국 경제가 장기불황에서 빠져 나오려면 인플레이션을 잡아야 한다는 점만은 분명히 인식하고 있 었다. 막료들이 볼커 연준 의장을 그대로 두었다가는 카터처럼 연 임에 실패한다는 경고를 쏟아냈다. 하지만 레이건은 우리가 연준 을 두는 이유가 무엇이냐고 반문하며 개입하지 않았다.

인플레이션을 잡지 않고는 미국 경제는 없다

볼커에 대한 국민의 원성은 커갔다. 은행 금리가 21.5퍼센트까지 치솟는 과정에서 경기 침체로 많은 회사가 파산하며 실업률이 10 퍼센트로 치솟아 수백만 명이 일자리를 잃었다. 하지만 인플레이 션을 잡지 않고서는 미국 경제는 장래가 없다고 생각했다. 빚더미 에 앉게 된 농민들이 트랙터를 몰고 워싱턴으로 상경했다. 그들은 도시 한복판을 행진하고 연준 건물을 봉쇄하며 볼커의 퇴진을 요 구했다. 키가 2미터가 넘는 볼커는 권총을 차고 다녀야 할 정도로 온갖 시위와 살해 위협에 시달렸다. 고금리로 인한 고통은 1981년 까지 3년이나 지속되었다.

1981년 중반에 되자 볼커의 정책은 효과가 나타나기 시작했다. 예금 이자가 높으니 돈이 은행으로 몰려들었다. 은행 우대 금리 21.5퍼센트와 그 무렵 인플레이션 14.5퍼센트 차이만 해도 컸다. 시중 유동성이 줄어드니 인플레이션이 잡히기 시작했다. 1980년 6월 14.8퍼센트까지 올라갔던 인플레이션율이 1981년에는 9퍼센 트로 꺾였다. 1982년에는 목표치 4퍼센트에 도달하여 볼커가 긴

폴 볼커와 버락 오바마

폴 볼커(왼쪽)는 버락 오바마(오른쪽) 대통령이 재임하던 2009~2011년 백악관 경제회복
자문위원회 위원장을 맡았다. (출처: 게티이미지코리아)

축을 풀자 경제는 힘차게 살아났다. 이듬해에는 경제가 살아나면
서도 인플레이션은 2.4퍼센트까지 떨어졌다. 이로써 볼커는 밀턴
프리드먼이 주장한 "인플레이션은 언제 어디서나 화폐적 현상이
다."라는 명제를 대중 뇌리에 심는 데 성공했다.

물가를 잡지 못하는 것은 용서받지 못한다

2022년 4월 초에 미국 노동부는 3월 소비자물가가 전년 대비 8.5퍼센트 올랐다고 발표했다. 1981년 12월 이후 40년 3개월 만에 가장 큰 상승 폭이었다. 자칫 잘못하면 두 자릿수 인플레이션을 맞을지 모른다는 불안감이 전 세계를 짓누르며 글로벌 긴축 공포에 휩싸였다.

사실 연준은 1년 전만 해도 인플레이션이 발생하지 않을 것으로 보았다. 인플레이션이 발생하더라도 일시적 현상일 것이라고 했다. 일시적 인플레이션이 발생하면 '평균 물가 목표제(물가 상승률을 평균한 수치가 2퍼센트를 넘지 않으면 금리를 올리지 않는 것)'를 도입해 대응하겠다고 했다. 또 인플레이션이 본격적으로 발생하더라도 그에 대응할 수단이 있다고 했다. 그러나 지금 연준은 말을 바꾸어 인플레이션의 불확실성이 커져 총력을 다해 인플레이션을 잡겠다고 한다. 인플레이션 대응에 실기한 것이다. 뒤늦게 온순한 비둘기에서 공격적인 매로 변한 것이다.

하이퍼 인플레이션으로 조 바이든Joe Biden 대통령의 지지율이 42퍼센트로 폭락했다. 당장 11월 중간선거에 빨간불이 커졌다. 성장을 못 하는 건 국민이 용서해도 물가를 못 잡으면 용서하지 않는다.

위기마다 경제 트리플 여왕이
해결에 나서다

미국 재무장관은 재닛 옐런은 1946년 뉴욕 브루클린의 폴란드계 유대인 가정에서 태어났다. 어머니는 초등학교 교사였으며 아버지는 의사였다. 아버지는 가족이 사는 집 1층에 병원을 내고 주로 부두 노동자들과 공장 노동자들을 진료했다. 보통 진료비로 2달러를 받았는데 실직자들은 무료로 치료해주었다. 옐런은 아버지를 통해 노동자들, 특히 실직자들의 어려움을 헤아리는 따듯한 시선을 가지게 됐다.

옐런은 어릴 때부터 호기심 많았고 활동력이 왕성했다. 고등학교 때 심리학과 역사 동아리 활동에 참여하면서도 학교 신문 편집장을 지냈다. 게다가 공부까지 잘했다. 영문학 최우수상, 수학 최우수상, 과학 최우수상을 휩쓴 최우등 학생이었다. 고교 졸업 때 재미있는 일화가 있다. 그가 다니던 해밀턴 고등학교는 학교 신문 편집장이 최우수 졸업생을 인터뷰하는 전통이 있었다. 옐런은 자신

재닛 옐런

미국 재무장관 재닛 옐런은 2014년 연준 의장 취임 때 "통계 뒤에 있는 개개인의 삶, 경험, 그리고 도전을 결코 잊지 않겠습니다."라고 했다. 소득 불평등의 확대에 따른 빈부 격차를 우려한 것이다. 옐런의 지론은 "국가는 빈곤과 불평등을 해결할 의무가 있습니다."라는 것이다. 2020년 바이든 대통령은 옐런을 재무장관으로 발탁하면서 "실업과 노동의 존엄성에 초점을 맞춰 경력을 쌓은 인물"이라고 했다.

과 인터뷰를 진행해야만 했다.

그는 철학을 전공할 생각으로 명문 브라운 대학교에 입학했다. 그러나 1학년 때 경제학 강의에 매료되어 전공을 경제학으로 바꾸었다. 이어 예일 대학교에서 경제학 석사와 박사 학위를 받았다. 옐런의 전공은 당연히 '노동경제학'이었고 논문 지도교수는 신新 케인스 학파의 거장이자 토빈세로 유명한 제임스 토빈James Tobin 이었다. 옐런은 스승의 강한 윤리 의식과 사회적 책임감의 영향을 받아 케인스주의 경제학자가 되었다. 그가 시장에 적절한 정부 규제가 필요하다며 낮은 인플레이션 못지않게 낮은 실업률을 중시하는 이유이다.

1971년부터 1976년까지 하버드 대학교에서 조교수로 재직한 옐런은 1977년 연방준비제도 이사회 경제학자로 채용되어 국제 통화 개혁 연구를 맡았다. 이때 동료 유대인 경제학자 조지 애컬로 프George Akerlof를 만나 결혼했다. 둘은 연준을 떠나 런던정경대학 교에서 2년 동안 가르치다 미국으로 돌아왔다. 그 후 옐런 부부는 1980년부터 버클리 대학교에서 거시경제학을 가르쳤다. 애컬로프 는 정보가 공평하게 전달되지 않았을 때 빚어지는 경제 왜곡 현상 을 분석한 이른바 '정보 비대칭 이론'으로 2001년 노벨 경제학상 을 받았다.

미국 경제의 어두운 그림자를 들춰내다

옐런은 1994~1997년 연방준비제도 이사회 위원과 1997~1999 년 대통령 경제자문위원회 의장을 거쳐 2004년에 샌프란시스코 연방준비은행 총재가 되었다. 2010년 버락 오바마Barack Obama 대 통령이 연준 부의장으로 임명했고 2014년 연준 의장 취임 연설에 서 "통계 뒤에 있는 개개인의 삶, 경험, 그리고 도전을 결코 잊지 않 겠습니다."라고 약속했다.

그 무렵 3차례 양적 완화 시행으로 2008년 금융 위기 이전에 8,000억 달러 내외였던 연준의 본원통화 발행액이 4조 3,000억 달 러로 무려 5배 이상 불어나 있었다. 옐런은 인플레이션을 막기 위 해서는 선제 대응이 필요하다고 판단했다. 그는 긴축으로 돌아섰을 뿐만 아니라 정치권 눈치 보지 않고 무려 5차례나 기준금리를 올려 시중 유동성을 거둬들였다. 이것이 금리 인하를 주장하는 도널드 트럼프에게 밉보여 연준 의장 연임을 못 한 이유였다.

옐런은 2014년에 소득과 부의 불평등에 대한 자료를 공개한 데 이어 2017년에도 후속 자료를 발표했다. 불과 3년 사이에 상황은 더욱 악화되었다. 2014년도 자료만 해도 소득 점유율이 증가한 계층이 상위 3퍼센트였는데 상위 1퍼센트로 줄어들었다. 이는 소득 독식 체제가 날이 갈수록 심화됐다는 것을 의미했다. 이제 소득 점유율이 올라가는 계층은 상위 1퍼센트밖에 없었고 그다음 9퍼센트는 현상 유지 중이며 나머지 90퍼센트의 소득 점유율은 계속 줄어들고 있었다. 이는 중산층이 붕괴하고 있다는 의미였다. 문제는 이러한 자본주의는 지속가능하지 않다는 점이다.

상위 10퍼센트의 소득이 국민 전체 소득의 절반에 달했다. 10명이 사는 사회를 가정했을 때 돈 잘 버는 1명이 나머지 9명보다 돈을 더 많이 번다는 뜻이다. 이렇게 한 사람에게 소득이 집중되면 돈은 사회로 흘러나오지 않고 곳간에 축적되어 사회 전체 소비의 총량이 그만큼 줄어든다. 이것이 불경기와 공황의 원인이다.

소득 불평등의 확대로 빈부 격차는 더 커졌다. 상위 10퍼센트가 미국 전체 부의 77퍼센트를 차지하고 나머지 90퍼센트가 23퍼센트를 차지하고 있다. 특히 문제는 하위 50퍼센트다. 그들은 소유한 순재산이 거의 없다. 전체 부의 1퍼센트 남짓을 소유하고 있다. 한 달 벌어 한 달 사는 사람들로 위기에 취약한 계층이다.

옐런은 근무하는 마지막 날까지 직분에 충실했다. 그는 2018년 2월 2일 임기 마지막 날 미국 3대 은행인 웰스파고에 대해 전례 없는 초강력 제재를 가했다. 웰스파고는 실적 달성을 위해 직원들에게 유령 계좌를 350여만 개를 만들게 했다. 고객들에게 자동차 보험을 억지로 들게 했고 모기지 대출자들에게 부당한 수수료를 부과했다. 또 자영업자들을 속여 조기 해지 수수료를 내게 했다. 옐런은 웰스파고에 자산 규모 동결 명령과 함께 이사진 교체를 명령했다. 연준 역사상 처음 단행한 조치였다. 이후 은행과 최고경영자 개인에 대한 벌금도 뒤따랐다. 이 제재로 웰스파고는 2조 달러 이상의 자산 취득을 제한받았고 주가는 56퍼센트 하락했다.

미국 경제정책의 트리플 크라운을 달성하다

"국가는 빈곤과 불평등을 해결할 의무가 있다고 믿습니다."

재닛 옐런의 지론이다. 바이든 대통령은 재무장관으로 재닛 옐런을 발탁하면서 "그는 실업과 노동의 존엄성에 초점을 맞춰 경력을 쌓았습니다."라고 지명 이유를 밝혔다. 이로써 그는 클린턴 정부에서 미국 역사상 첫 여성 경제자문회의 의장, 오바마 정부에서 연준 100년 역사상 첫 여성 연준 의장, 바이든 정부에서 미국 재무부 232년 역사상 첫 여성 재무장관을 맡아 이른바 경제정책 핵심 요직 세 곳을 다 거친 '트리플 크라운'을 달성했다.

미국의 자본주의는 이제 팬데믹 이전과 이후로 나눌 수 있다. 금융 자본주의에서 포용적 자본주의로 바뀌고 있다. 첫째, 팬데믹 사태로 어려운 하위 50퍼센트의 붕괴를 막기 위해 통화 공급 주도권이 연준에서 재무부로 넘어왔다. 비상 상황에서는 불특정 다수를 대상으로 하는 통화 정책보다 특정 대상을 지원하는 재정 정책이 더 효율적이기 때문이다. 둘째, 통화 공급은 월스트리트(금융시장)를 통한 유동성 살포에서 메인 스트리트(소비자와 기업이 있는 실물 시장)를 통해 필요한 곳에 필요한 양만큼 쐬주는 '점적관수點滴灌水'식 공급으로 바뀌었다. 재정에서 개인들에게 직접 지급되는 돈이 다른 재정 집행액의 두 배 이상으로 급증했다. 셋째, 재정 기능이 바뀌고 있다. 과거에는 재정의 3대 기능인 자원 배분, 경제 안정화, 소득 재분배 중에서 '경제 안정화' 기능을 중요시했다면 이제는 '소득 재분배' 기능이 더 중요해졌다.

미국의 치부를 만천하에 공개하다

"소득과 부의 불평등이 100년 만에 최고 수준에 근접했습니다."

재닛 옐런이 2014년 10월 보스턴 연방준비은행이 주최한 콘퍼런스 기조연설에서 한 말이다. 연준 의장이 경기 동향이나 통화 정책이 아니라 불평등 문제를 공개적으로 거론한 것은 매우 이례적이었다.

재닛 옐런은 2014년 연준 의장에 취임해 '소득과 부의 불평등' 데이터를 공개했다. 그는 "미국의 불평등 정도와 불평등의 지속적 확대 추세가 매우 우려스럽습니다."라며 그 누구도 공개하지 못했던 미국의 치부를 만천하에 알린 것이다. 금융 자본주의를 이끌고 가는 연준의 수장이 금융 자본주의의 본질적 문제점과 그 폐해를 솔직히 밝힌 것이다. 옐런은 특히 "상위 5퍼센트의 부가 1989년에는 미국 전체 부의 54퍼센트를 차지했는데 2013년에는 63퍼센트로 늘어났습니다."라며 "같은 기간 하위 50퍼센트의 부는 전체 3퍼센트에서 1퍼센트로 오히려 줄어들었습니다."라고 서민 경제에 대해 걱정했다.

이는 여론의 핫이슈가 되어 정치판을 흔들었다. 소득과 부의 불평등 테마는 2016년 미국 대선에서도 가장 중요한 선거 의제로 떠올랐다. 당시 '민주적 사회주의자'를 자처하는 버니 샌더스Bernie Sanders 후보는 "상위 1퍼센트가 하위 90퍼센트의 소유를 모두 합친 정도의 부를 독점하는 것은 비도덕적이고 그릇된 일"이라며 부자 증세를 통해 누구에게나 대학 등록금을 무상으로 지원해 교육의 평등을 이루겠다고 호언했다. 그러자 다른 대선 후보들도 당파를 초월해 앞다투어 서민 경제를 위한 공약을 쏟아내기 시작했다.

젤렌스키 리더십의 뿌리는
『탈무드』다

보로디미르 젤렌스키Volodymyr Zelensky는 1978년 우크라이나의 유대인 학자 집안에서 태어났다. 그의 증조부는 홀로코스트 희생자다. 아버지는 컴퓨터공학 교수였고 어머니도 공학자였다. 몽골에서 근무하게 된 아버지를 따라 몽골에서 살다 어머니 건강 문제로 4년 만에 귀국했다.

"친구에게 이를 드러내고 웃는 사람이 친구에게 우유를 건네는 사람보다 낫다."라고 『탈무드』는 강조한다. 랍비 삼마이는 "모든 사람을 쾌활하게 맞이하라."라고 가르치며 자신의 우울함과 침체된 분위기로 누군가를 희생양으로 삼는 것은 '죄악'이라고 했다. 유대인의 인생관은 할 수만 있다면 "아낌없이 즐기라"는 것이다.

이런 교육 덕분에 젤렌스키는 어려서부터 밝고 긍정적인 기운으로 남을 웃기는 재주가 탁월했다. 10대 때는 운동을 좋아해 역도와 레슬링을 배웠다. 한편 예능에도 소질이 있어 춤도 잘 추고 학교

우크라이나 대통령 젤렌스키

2022년 4월 22일 우크라이나 대통령 젤렌스키가 지하철역에서 기자회견하는 모습

앙상블의 기타리스트로도 활동했다. 고등학생 시절부터 TV 코미디 프로그램에 출연했고 1997년 코미디 경연 대회에서 우승하며 주목받는 코미디언이 되었다. 그는 19세에 '크바르탈95'라는 연예 기획사를 설립해 자신이 주연을 맡아 사회 풍자 드라마와 영화를 여러 편 제작했다. 그의 드라마는 모스크바를 비롯해 구소련 공화국들에서 공연되었다. 젤렌스키는 일과 공부도 병행해 명문 키이우(키예프) 국립경제대학교에서 경제학 학사와 법학 석사 학위를 받았다. 2006년에는 댄스 경연 대회에서 우승을 차지했다.

2015년부터 방영된 「국민의 종」이라는 51부작 대하 드라마가 인생을 바꿔놓았다. 이 드라마는 부패한 우크라이나 사회를 풍자적으로 비판했다. 그는 제작자 겸 주연을 맡았는데 드라마에서 고등학교 역사 교사로 나온다. 드라마를 보면, 한 교사가 학생들 앞에서 부패하고 무능한 정부를 성토하는 장면이 있다. 이 장면을 한 학생이 몰래 촬영해 온라인에 올리는 바람에 역사 교사는 국민에게 큰 인기를 얻게 되고 마침내 대통령에 당선된다. 그리고 새 대통령이 부패 정치인들을 몰아낸다는 게 드라마 줄거리다. 시청자 수가 국민의 절반에 가까운 2,000만 명에 이를 정도로 선풍적 인기를 끌었다.

러시아와의 전쟁에서 용기와 외교술을 보여주다

젤렌스키는 「국민의 종」 출연진과 함께 같은 이름의 정당을 2018년 창당해 대권 주자로 부상했다. 그는 불신하는 기존 정치인이 아닌 새로운 인물이라는 점을 어필하여 현직 대통령을 3배 가까운 차이로 꺾으며 당선되었다. TV 드라마가 현실이 된 것이다. 2019년 41세의 최연소 대통령은 취임 연설에서 "나는 평생 우크라이나인들에게 웃음을 주기 위해 모든 것을 다해 왔다. 그것이 나의 사명이었다. 이제 나는 우크라이나인들이 최소한 울지 않도록 모든 것을 다할 것이다."라고 포부를 밝혔다.

　젤렌스키는 정치적 기반이 취약한 온건 중도파로 분류됐다. 그는 친서방파와 친러파로 양분된 정치 구도에서 러시아계 유대인이라는 혈통 문제까지 겹치며 양쪽에 포위당한 처지였다. 하지만 젤렌스키는 정파 문제에 연연하지 않고 안보 외교에 총력을 기울였다. 취임 후 첫 정상회담은 프랑스의 에마뉘엘 마크롱Emmanuel Ma-

러시아의 우크라이나 침공

2022년 2월 24일 러시아가 우크라이나를 침공했다.

cron 대통령과 가지며 돈바스 전쟁에 대한 문제를 의논했다. 다음으로 독일을 방문해 앙겔라 메르켈Angela Merkel 총리와 러시아-독일을 잇는 가스관 문제 등을 논의했다. 그 후 유엔 총회에 참석하는 길에 트럼프와도 만났다. 전반적으로 적극적 친서방 행보를 보여 러시아의 푸틴과 앙숙이 되었다.

2022년 초부터 러시아가 18만 대군을 동원해 우크라이나를 침공할 것이라는 예측이 쏟아지자 그는 서방에 도움을 요청했다. 2월 19일 뮌헨에서 열린 안보 회의에 참석해 러시아와 맞서 온 우크라이나의 희생과 유럽과 나토의 이기적 태도를 비판하며 유럽 안보 구조의 재구축 필요성을 강조했다. 그는 러시아의 우크라이나 침공 가능성에 대한 서방의 대응이 부족하다고 강도 높게 비판했다. 젤렌스키의 독일 방문은 그가 우크라이나를 벗어난 틈을 타 러시아가 공격할 수 있다는 미국 측 우려에도 불구하고 강행한 것이다.

그는 "우방국들의 지지가 있든 없든 우리는 조국을 지킬 것"이라면서 무기 등의 지원에 감사하지만 그렇다고 구걸해야 하는 사안은 아님을 강조하였다. 젤렌스키는 "우크라이나가 머리를 조아려야 할 게 아니라 크림반도 합병 이후 8년간 유럽의 안보를 위해 방패 역할을 해온 기여"라고 주장했다.

2022년 2월 24일 러시아가 우크라이나 전역에 미사일 폭격을 가하며 쳐들어왔다. 젤렌스키 대통령은 18세부터 60세까지 국민 총동원령을 내렸다. 같은 날 그는 유럽연합 정상 회의에서 5분간 영상 연설을 통해 지지를 촉구했다. "오늘 제가 살아 있는 모습을 마지막으로 보는 것이 될지도 모릅니다."라고 운을 떼고는 "우리는 지금 유럽의 이상理想을 위해 죽어가고 있습니다."라고 호소했다. 그는 같은 날 저녁에 올린 연설 영상에서 우크라이나를 지원하지 않으면 "내일 전쟁이 당신들의 문을 두드릴 것"이라며 서방 국가의 지도자들에게 경고했다. 그의 호소와 경고는 즉시 효력을 발휘했다. 서방은 즉각 러시아 제재에 들어갔고 우크라이나에 대한 각종 지원이 시작되었다.

전쟁 발발 후 러시아가 3차례 이상 젤렌스키 대통령 암살을 시도했다. 그는 러시아의 최우선 목표가 자기 제거임을 알면서도 수도 키이우를 끝까지 사수하겠다고 밝히며 결사 항전을 다짐했다. 러시아가 '젤렌스키가 수도를 탈출했다'는 허위 보도를 하기 시작하자 그는 SNS를 통해 수시로 근황을 알리며 국민을 단결시켰다.

"저 여기 있습니다. 우리는 무기를 내려놓지 않을 겁니다. 조국을 지키겠습니다. 우리의 진실은 이곳이 우리 땅, 우리 조국, 우리 후손이라는 사실입니다. 이 모든 것을 지키겠습니다."

그는 하루 3시간 정도만 자며 강인하고도 치밀한 모습으로 전쟁을 진두지휘했다. 그리고 3월 1일에 젤렌스키는 유럽 의회에 화상 연설을 했다.

"우리는 우리의 권리를 위해 싸웁니다. 자유와 생명 말입니다. 이제 우리는 우리의 생존을 위해 싸우고 있습니다. 하지만 그것이 전부는 아닙니다. 우리는 유럽의 동등한 일원이 되기 위해서도 싸우고 있습니다. 당신들이 우리와 함께한다는 걸 증명해 주십시오. 당신들이 우리를 버려두지 않을 것이라는 걸 증명해 주십시오. 당신들이 실로 유럽인들이라는 것을 증명해 주십시오. 그러면 삶이 죽음을 이기고 빛이 어둠을 이길 것입니다."

젤렌스키가 수도를 사수하기로 한 결정은 큰 영향을 끼쳤다. 개전 직후 사흘 이내에 함락될 것이라 여겨졌던 키이우는 최고 통수권자를 중심으로 똘똘 뭉쳐 열흘이 지나도록 함락되지 않았다. 그 사이에 우크라이나는 세계 각국의 지원을 받아 악조건 속에서 전쟁을 버텨내고 있다. 그의 용기와 외교술이 괄목할 만한 성과를 끌어냈다.

젤렌스키는 개전 이후 첫 기자회견을 했다. 그때 기자가 그에게 죽는 게 두렵지 않으냐고 물었다. 그는 기자에게 단호하게 대답했다.

"죽는 것을 겁내지 않는 사람은, 또 자식들이 죽는 것을 겁내지 않는 사람은 정상이 아닙니다. 그렇지만 대통령으로서 나는 죽음을 겁낼 권리가 없습니다."

한 명의 유대인이 우크라이나의 운명을 바꾸고 있다

한 유대인이 우크라이나의 운명을 바꾸고 있다. 젤렌스키 이야기이다. 2021년 크리스마스에 『뉴욕타임스』는 코미디언 출신 대통령이 옛 동료들을 중용하여 측근 정치에만 몰두하고 있다고 지적하며 코미디언으로 채워진 우크라이나 정부가 많은 실책을 범하고 있다고 보도했다. 우크라이나 정치는 마치 코미디 호러 드라마 같다고 혹평하였다. 신문은 전문가가 없는 정부, 외교관 없는 외교부, 장군 없는 군 지휘부가 언제 붕괴할지 모른다고 전했다. 한마디로 아마추어 정치가가 국가 대사를 망치고 있다는 요지였다.

하지만 러시아가 우크라이나를 침공한 이후 그가 한 결연한 행동을 본 외국 언론들은 태도가 일변했다. 특히 미국 시사주간지 『타임』은 3월 2일 '어떻게 젤렌스키 대통령은 우크라이나를 수호하고 세계를 통합시켰는가'라는 제목의 특집 기사에서 그에 대한 호평을 아끼지 않았다. 『타임』은 '러시아의 암살 위협에도 수도에 남아 국민의 항전 의지를 북돋웠다. 찰리 채플린이 윈스턴 처칠Winston Leonard Spencer Churchill로 변모했다. 어떤 의미에서 샤를 드골Charles de Gaulle보다 용감하다. 전쟁 지도자로서 처칠과 동급이다.'라고 극찬했다. 또 '일주일 전만 해도 상상할 수 없는 방식으로 세계의 민주주의 국가들을 움직이는 데 성공했다'고 덧붙였다.

한편 러시아의 침공 후 미국은 암살 위협을 받는 젤렌스키 대통령을 보호하고자 망명을 제안했다. 그러나 그는 "여기가 (내) 싸움터입니다. 나는 (도피용) 탈것이 아니라 탄약이 필요합니다."라며 거절했다. 『타임』은 러시아군이 키이우 코앞까지 쳐들어왔음에도 도피하지 않고 수도를 지킨 그의 자세가 '역사의 흐름을 바꾼 용기 있는 행동'이라고 평했다.

정치에 이제 막 발을 들인 젤렌스키의 리더십은 그 아무도 예상하지 못하였다. 그러나 이제는 전 세계에서 그의 리더십을 인정하는 분위기다. 패전은 당연한 것이고 시간이 문제일 것이라는 전망을 보기 좋게 뒤집었다. 아직도 전쟁의 포성은 그치지 않았다. 하지만 우크라이나의 운명이 절망적이지만은 않으리라는 게 대체적인 예상이다. 전쟁의 반전反轉과 쉽게 꺾이지 않을 것이라는 전망이 나오고 있다. 바로 젤렌스키의 단호한 결단이 실린 리더십 덕분이라고 해도 과언이 아닐 테다.

8장

더 나은 세상을
만들어가다

고난의 역사가 공동체 정신을 키우다

고대 이집트에서 시작된 반유대주의는 역사의 굽이마다 유대인들을 참으로 많이도 괴롭혔다. 유대인들의 고난은 애굽 노예 생활에서부터 시작되어 이집트 신전 대부분은 건설 노예였던 유대인들이 지었다. 애굽을 탈출해 40년간 광야의 시련을 겪고 가나안으로 돌아온 뒤에도 다른 부족들과 전쟁을 치른다. 고대 유대인을 지칭하는 '히브리인'이란 말 속에는 차별적인 의미가 있다. 이는 강 '건너온 사람들'이란 뜻으로 우리와 다른 인종이란 의미다. 고대로부터 이어진 유대인의 고난은 이교異敎 세계에서 살아남기 위한 투쟁의 역사였다.

기원전 6세기 바빌로니아가 히브리왕국을 멸망시켜 유대인들은 바빌론으로 끌려가 50년간 노예 생활을 했다. 이른바 바빌론 유수기이다. 그 뒤 페르시아가 바빌론을 점령하면서 팔레스타인 귀환이 허용됐다. 그러나 일부만 돌아가고 많은 사람이 바빌론에 눌러 앉아 2,500년 방랑의 역사가 시작된다. 이렇게 바빌로니아, 페르시아 등 강대국에게 정복당하고 온갖 수난을 당하면서도 기적적으로 살아남아 민족과 신앙을 지켜냈다.

헬레니즘을 이겨냈지만 로마에게 멸망당했다

기원전 332년 그리스의 알렉산더 대왕Alexandros the Great이 팔레스타인을 정복했다. 아리스토텔레스Aristotelés의 가르침을 받은 그의 꿈은 하나의 세계, 하나의 시민을 목표로 하는 동서 문명의 통합이었다. 이를 일컬어 헬레니즘이라 부른다. 팔레스타인에 그리스식 도시가 건설되고 인구가 집중되면서 새로운 도시 문화가 들어섰다. 극장, 목욕탕, 경기장, 각종 체육시설이 들어섰다. 유대인의 이름조차 그리스식으로 바뀌면서 시민권이 부여되었다. 유대인들은 히브리어와 그리스어를 공용어로 사용했다.

헬레니즘의 영향으로 유대인들의 생활양식은 물론 정신문화도 빠르게 바뀌어갔다. 무력보다 강력한 문화의 침투가 유대인의 정체성을 혼란스럽게 했다. 헬레니즘 시대에는 그리스와 접촉한 모든 나라가 마치 마술처럼 그리스화되었다. 그러나 유대인들은 달랐다. 힘이 아니라 사상으로 기적처럼 살아남았다. 그 후 유대인들의 히브리즘은 헬레니즘과 함께 서양문명의 양대 기둥이 되었다.

그러나 기원후 유대인들은 그리스를 정복한 로마제국과 치열한 항쟁 끝에 결국 나라를 잃고 민족이 뿔뿔이 흩어졌다. 이른바 디아스포라의 시대로 들어섰다. 유대인은 세계 곳곳에 흩어져 여러 문화 속에 고립되어 살았다. 그러면서도 다른 문화에 동화되거나 흡수되지 않고 살아남았다. 과연 무엇이 그들을 살아남게 했을까? 여러 요인이 있겠지만 그 가운데 가장 중요한 것이 바로 『토라』와 『탈무드』로 이는 2,500년 동안 눈에 보이지 않는 수호자로서 유대인을 보호하고 다스렸다.

6세기 이슬람은 유대인들에게는 관용을 베풀었다

아라비아반도 메카에 570년에 무하마드Muhammad가 탄생했다. 그는 장사꾼으로 외지를 돌아다니며 유대교와 기독교에 대해 많이 알게 되자 자기 민족에게 맞는 새로운 종교의 필요성을 느꼈다. 그는 메카와 메디나를 중심으로 이슬람교를 창시했다. 그 뒤 신정 일치의 이슬람 세력은 페르시아와 비잔틴제국을 차례로 정복하고 북부 아프리카와 스페인에 이르는 광대한 지역을 통치했다. 이슬람은 동양의 4대 발명품인 화약, 나침반, 종이, 인쇄술을 받아들여 서양문명을 압도했다.

이슬람은 기독교인을 배척했으나 유대인에게는 관용을 베풀었다. 이는 무하마드 자신이 유대교 경전인 『구약』을 신봉했기 때문이다. 이슬람의 핵심인 창조주 유일신 사상도 이로부터 유래했다. 이슬람 경전 『코란』에도 『구약』의 아브라함, 이삭, 야곱, 요셉, 모세의 이야기가 있다. 이슬람이 유대교 영향으로 탄생했다고 하는 이야기도 같은 맥락에서 이해될 수 있다. 역사적으로도 이슬람은 유대인과 인종적으로 친족이었다. 아랍인은 원래 아브라함의 큰아들인 이스마엘의 후손들이다. 그런 점에서도 이슬람의 경전 『코란』은 유대교의 여러 관습을 보존하고 있다. 그러나 유대인들은 무하마드가 하느님의 마지막 예언자로 이해되는 이슬람 신앙을 인정할수 없었다. 결국 두 종교는 상극이 되었다. 9세기에 들어와 이슬람 근본주의가 발흥하면서 유대인의 자유와 상업 활동도 크게 제약받았다.

중세시대 이슬람과 기독교 양쪽의 박해를 받았다

이 시기는 유대인들이 숨죽이며 역사의 뒤안길에서 살아가던 때다. 유대인들은 예수를 죽인 죄인의 멍에를 짊어지고 삼류 시민으로 살아갔다. 동시에 이때가 유대인에게는 멸망의 위협에 맞선 처절한 저항의 시기였다. 그러나 결국 살아남았다. 십자가 앞에 패배당한 비기독교도인이 모두 개종했지만 유대인만은 개종하지 않았다. 그들은 1,200년 동안의 중세 암흑시대를 겪으면서도 고유의 신앙과 문화를 지켰다.

암흑의 중세 시기인 서기 800년 샤를마뉴 대제는 교황권과 프랑크왕국을 결합한 서로마제국을 재건했다. 1077년 예루살렘이 이슬람 세력인 셀주크튀르크 족의 손에 떨어져 가톨릭 교도들의 예루살렘 성지순례가 방해받았다. 이에 당황한 비잔틴제국은 서로마제국의 우르반 2세Urbanus II 교황에게 원군을 요청했다. 이렇게 해서 이루어진 게 십자군 원정이다. 교황은 누구나 십자군에 참가하면 모든 죄가 사해진다고 선포했다.

십자군 원정 선포

1095년 11월 27일 프랑스의 클레르몽 공의회에서 교황 우르반 2세가 십자군 원정을 선포하고 있다. 이탈리아 밀라노의 갤러리 디 피이자 스칼라 소장.

엄격한 기독교 사회에서 죄의 사함은 천국을 보장받게 된다는 의미였다. 또한 이슬람으로부터 성지를 회복하고 이를 기독교 기사들이 지배하라는 교시도 내렸다. 기사들의 입장에서는 땅과 전리품을 차지하고 부와 영예가 보장된 것이다. 교황은 기독교를 보호하기 위해 이단자들을 죽이는 것은 십계명에 위배되지 않는다고 선포했다. 이는 이슬람뿐만 아니라 유대교를 포함한 비기독교인들이 학살되어도 종교적으로 문제가 되지 않는 계기가 되었다. 이로써 십자군이 출발도 하기 전에 유럽 전역에서 수천 명의 유대인이 약탈당하고 학살당했다. 특히 대부업에 종사하던 유대인들이 채무자들에 의하여 집단으로 몰살당했다. 13세기에도 십자군 원정은 계속됐다. 200년이란 오랜 기간의 십자군 전쟁 내내 유대인들은 기독교와 이슬람교 양쪽으로부터 혹독한 박해를 당했다.

유럽에서 인간 이하의 대우를 받았다

'백성이 다 대답하여 가로되 그 피를 우리와 우리 자손에게 돌릴 지어다 하거늘(「마태복음」 27:25).' 유대인들은 유월절에 예수를 십 자가에 못박고 그 피를 우리와 우리 자손에 돌리라고 하였다. 그분 의 무죄한 피를 흘린 대가는 참으로 엄청난 것이었다. 「누가복음」 23장에서 예수께서는 십자가에 처형당하려고 끌려가면서 뒤따 라오는 무리들과 여인들에게 이렇게 말씀한다. '예루살렘의 딸들 아, 나를 위해 울지 말고 너희와 너희 자녀를 위해 울라(「누가복음」 23:28).'

하느님의 선민이었던 유대인들은 예수를 십자가에 못박음으로 말미암아 엄청난 반유대주의에 시달려야만 했다. 십자군 전쟁 후 에도 계속해서 박해당했다. 중세 유대인들은 유럽 각처에서 인간 이하의 대우를 받았다. 밀폐된 지역 게토에서 집단 거주하며 유대 인임을 나타내는 옷을 입어야 했다. 유럽에 흑사병이 강타했을 때 기독교인들은 그 책임을 유대인에게 전가하여 박해했으며 성난 군 중에 의한 대량 학살이 자행되었다. 이슬람, 스페인, 포르투갈, 네 덜란드, 영국, 프랑스, 독일, 폴란드, 러시아 어디를 가리지 않고 그 들은 박해받고 살해되거나 추방당했다. 유대인들은 무려 400년을 그렇게 살았다.

아우슈비츠 수용소

인류사 최악의 대학살 홀로코스트를 겪었다

유대인에 대한 박해 중 가장 최악이었던 경우는 히틀러 치하에서였다. 히틀러는 1933년 집권 직후부터 유대인 박해를 시작했다. 현지인들이 가지고 있던 유대인에 대한 반감을 이용한 것이다. 1942년 나치 독일은 독일과 점령지에 살고 있는 모든 유대인을 집단 수용소로 이주시켜 대량 학살했다. 가장 많이 죽은 아우슈비츠-비르케나우 수용소에서 150만 명이 학살당했다. 전쟁 기간 중 무려 600만 명이라는 숫자의 유대인들이 참혹한 죽임을 당했다. 참으로 가공할 만한 대학살이었다.

유대인의 역사를 보면 유대민족은 형극의 역사를 반드시 영광의 역사로 돌려놓는 힘을 갖고 있다. 그들은 홀로코스트의 역사를 결코 잊지 않는다. 예루살렘에 있는 홀로코스트 추모관에는 이런 글

귀가 있다.

"용서는 하지만 망각은 또 다른 방랑으로 가는 길이다."

유대인은 이처럼 여섯 문명을 거치면서도 살아남았다. 이것은 문명에도 수명이 있어 보통 500년 내지 길어야 1,000년 정도 간다는 기존의 견해를 보기 좋게 뒤집었다. 그들은 수많은 고난과 뿔뿔이 흩어지는 이산의 아픔을 겪었다. 유대인 역사는 고난으로 점철된 도전과 응전의 반복이었다. 고난과 시련의 담금질을 통해 갈고닦아지면서 더욱 성숙해지고 강해질 수 있었다. 고난이 바로 은혜였다.[2, 3]

유대인의 고난에 대한 역사의식은 자녀교육에도 적용된다. 자녀교육 특징 가운데 하나가 '사브라'라는 단어이다. 유대인들은 자녀를 선인장꽃의 열매인 '사브라'라고 부른다. 선인장은 사막의 악조건에서도 꽃을 피우고 열매를 맺는 강인함과 억척스러움이 배어 있다.

유대인의 사람 판별법은 다르다

"사람의 성격은 지갑, 술잔, 분노의 세 가지 방식으로 분별한다."

『탈무드』에서 랍비 일라이가 한 말이다. 이를 풀이하면 사람이 지갑(키소), 술(코소), 분노(카소)를 다루는 방식으로 그 사람 됨됨이를 알 수 있다는 뜻이다. 예컨대 『탈무드』에서 말하는 지갑은 돈 쓰는 태도뿐만 아니라 재물을 다루는 방식을 의미한다. 이를 이해하기 위해서는 『탈무드』에서 이야기하는 사람의 유형에 대해 먼저 이해할 필요가 있다.

"『탈무드』에선 말이야……" 논쟁하는 유대 랍비들

유대인들은 『탈무드』에서 돈을 쓰는 태도, 쾌락을 다루는 방법, 분노 조절 정도를 눈여겨보면 그 사람의 됨됨이를 파악할 수 있다고 배운다. 예컨대 술을 제어하지 못하는 이는 작은 유혹에도 넘어가 죄를 지을 가능성이 커서 이런 사람을 곁에 두면 안 된다는 것이다. 그림은 유대 랍비들이 『탈무드』 내용에 대해 논쟁을 벌이는 장면을 묘사한 19세기 오스트리아 화가 카를 슐라이허의 작품이다. (출처: 위키피디아)

사람은 재물을 대하는 4가지 유형이 있다.

① "내 것은 내 것이고, 네 것은 네 것이다."라고 말하는 자는 보통 사람이다. 어떤 이는 이것을 소돔인의 특징이라고 말한다.

② "내 것은 네 것이고, 네 것은 내 것이다."라고 말하는 자는 무지한 사람이다.

③ "내 것은 네 것이고, 네 것은 네 것이다."라고 말하는 자는 경

건한 사람이다.

④ "네 것은 내 것이고 내 것은 내 것이다."라고 말하는 자는 사악한 사람이다.

그런데 유대인 선조는 왜 재산의 소유권에 대한 인식을 기준으로 사람의 종류를 나누었을까? 재산의 정도를 기준으로 나누어도 되는데 말이다. 이 지점에서 유대인만의 독특한 인간관이 드러난다. 유대교의 인간관은 재산의 소유권을 포함해 사람의 행동과 태도가 바로 그 사람의 가치관, 세계관으로부터 비롯된다고 본다. 무엇보다도 사람의 근본적인 생각을 중요하게 여긴 것이다.

첫 문장인 '내 재산은 내 것이고 네 재산은 네 것이다'라는 『구약성경』에 등장하는 소돔에 사는 사람의 언급이다. 『탈무드』에 따르면 소돔은 부유한 도시였다. 근처의 도시들은 환경이 척박하고 가난해서 그 도시의 사람들은 소돔에 와서 구걸할 수밖에 없었다. 하지만 소돔 사람들은 다른 도시 사람들이 와서 구걸하는 것을 싫어했다. 어쩔 수 없이 돈을 주긴 했지만 다른 도시 사람들에게는 물건을 팔지 않았다. 결국 물건을 팔지 않으니 다른 도시 사람들은 돈이 있어도 굶어 죽을 수밖에 없었다. 그러면 소돔 사람들은 시신에서 그 돈을 다시 빼앗았다. 소돔 사람들은 '내 재산은 내 것이고 네 재산은 네 것이다'라는 재산법상의 이치는 지켰으나 결과적으로는 남을 돕지 않았다. 이로써 하느님의 계명을 범하고 말았다.

두 번째 문장인 "내 것은 네 것이고 네 것은 내 것이다."라고 말하는 사람은 자본주의 사회의 소유권 개념이 전혀 없다. 무지한 사

불타는 소돔

부유한 소돔 사람들은 "내 재산은 내 것이고 네 재산은 네 것"이라며 가난한 이웃 도시를 돕는 것을 꺼렸다. 또 굶어 죽은 이들의 시신에서 돈을 다시 빼앗았다. 신의 분노를 산 소돔은 불에 타 사라진다. 소돔의 멸망을 그린 16세기 화가 헤리 멧 드 블레의 작품. (출처: 위키피디아)

람이다. 세 번째 문장인 "내 것은 네 것이고 네 것은 네 것이다."라고 말하는 사람은 경건한 사람이다. 남으로부터 단 하나도 빼앗으려 하지 않고, 오히려 자신이 가진 것을 주려 하니 말이다. 그런데 자신의 것도 지키지 못하고 남에게 이유 없이 다 주는 사람은 실제로는 호구 아닐까? 여기서 말하는 경건한 사람은 비즈니스를 잘해서 고객이 낸 비용 이상으로 가치 있는 서비스를 제공하고 그 수익으로 이웃을 돕는 사람이라 볼 수 있다. 고객 감동으로 얻는 수익을 자선 사업에 쓰는 기업인이 여기에 해당될 듯하다. 마지막으로 "네 것은 내 것이고 내 것은 내 것이다."라고 말하는 사람은 극도로 탐욕스러운 사람이라 논할 가치가 없다. 무조건 멀리해야 할 유형이다.

술잔은 그 사람이 쾌락을 대하는 방법을 뜻한다. 세상에는 쾌락이 주는 자극을 끝없이 찾아 방황하면서 중요한 일을 하지 못하는 이가 많다. 이런 사람은 중요한 일을 하지 못할 뿐더러 자신의 본능을 제어하지 못해 작은 유혹에 넘어가고 결국 죄까지 지을 가능성이 크다. 주변에 이런 사람이 있으면 덩달아 피곤해질 수 있으므로 역시 멀리해야 할 유형이다. 우리가 함께 일하고 상호 교류해야 할 사람은 술잔을 잘 다룰 수 있는 사람, 곧 중요한 일에 집중할 수 있는 사람이다.

분노를 다루는 4가지 방식을 알아보자

지갑과 술잔을 다루는 방식을 살펴보았다. 이번에는 『탈무드』에서 분노를 다루는 4가지 방식을 알아보자. 첫째, 쉽게 화내고 쉽게 화를 푸는 자는 그의 미덕이 그의 결점을 상쇄한다. 둘째, 쉽게 화내지 않지만 쉽게 화를 풀지도 않는 자는 그의 결점이 그의 미덕을 상쇄한다. 셋째, 쉽게 화내지도 않고 쉽게 화를 푸는 자는 경건하다. 넷째, 쉽게 화내고 쉽게 화를 풀지도 않는 자는 사악하다.

분노에 대한 태도는 지갑에 대한 태도 못지않게 중요하다. 분노는 악의를 분출하는 분화구다. 욕설과 혐오와 증오를 다 발산하는 감정이다. 분노를 조절하지 못하면 교만하게 된다. 자신의 감정만을 중심에 놓기에 하느님조차 알아보지 못한다. 좋은 기회를 끌어

당기려면 화를 내는 습관과 성향을 반드시 다듬어야 한다. 사람은 화가 나면 판단력이 흐려져 잃는 것이 많아진다. 사소한 것에 화를 내게 되면 큰 기회를 놓칠 수 있다. 쉽게 화내는 사람은 화가 식더라도 이미 많은 것을 잃은 후다.

첫째 유형처럼 비록 화를 빨리 진정시키더라도 앞서 화를 낸 것으로 인해 어떠한 이득도 얻을 수 없다. 둘째 유형처럼 쉽게 화를 내지는 않지만 일단 화가 나면 멈추지 않는 사람도 결국 이득을 얻지 못한다. 오래 곪은 분노가 터졌을 때는 파급력이 더욱 크다. 이런 분노는 본인에게 손실을 끼치고 쉽게 화를 내지 않으면서 쌓아올린 신뢰까지도 무너뜨린다. 이와 달리 셋째 유형처럼 화를 거의 내지 않고 또 화를 내더라도 빨리 다스릴 줄 아는 사람은 발전할수 있고 부자가 될 수 있다. 넷째 사악한 유형은 언제나 화를 다스리지 못한다.

『탈무드』 63권에는 살아가는 지혜가 담겼다

유대인의 경전은 『토라』와 『탈무드』이다. 『구약』의 도입부 첫 다섯 권인 「창세기」 「출애굽기」 「레위기」 「민수기」 「신명기」를 모세가 썼다고 하여 '모세오경'이라 부른다. 바로 이것이 『토라』다. 오늘날 『구약』을 경전으로 삼고 있는 종교는 유대교, 기독교, 이슬람교이다. 유대인들은 그들의 성경을 '구약'이라 부르는 걸 싫어한다. 그들은 그들의 성경을 '타나크TANAKH'라 부른다. 총 24권으로 구성되어 있다.

유대교는 히브리 원문이 남아 있지 않으면 경전으로 인정하지 않았다. 이 때문에 가톨릭의 『구약』보다 권수가 적다. 타나크는 『토라』 말고도 19권이 더 있다. 유대인들은 나머지 부분은 『토라』를 보조하거나 해설하는 보조 경전으로 이해하고 있다. 그들은 『토라』만을 양피지에 손으로 필사하여 두루마리 형태로 만들어 이를 갖고 예배를 본다.

그럼 『탈무드』는 무엇일까? 하느님이 시나이산에서 모세에게 그의 백성들이 앞으로 지킬 십계명과 율법을 내려주며 삶의 작은 부분까지 아주 자세히 알려주었다. 여기서 중요한 율법은 『토라』에 기록되었고 율법을 지키기 위한 자세한 설명은 장로들의 입에서 입으로 전해져 내려왔다. 하나는 글로 쓰여 『토라』로 남겨졌고 또 다른 하나는 방대한 내용이 구전으로 전해져 내려온 것이다. 그래서 유대인에게 율법은 두 종류가 있었다. 하나는 글로 쓰인 '성문

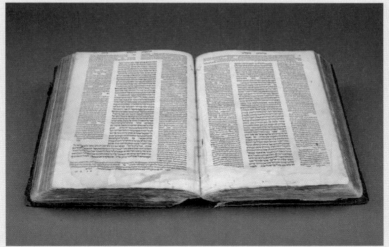

『탈무드』는 이스라엘의 구전口傳 율법과 이에 관한 보충 설명과 해석을 한데 모은 책이다. 사진은 스위스 유대인 박물관에 있는 『탈무드』. (출처: 위키피디아)

율법'이요 또 다른 하나는 말로 전해져 내려온 '구전율법'이다.

구전율법은 오랜 시간이 지나자 아무리 기억력이 좋은 사람일지라도 선대의 설명을 그대로 후대에 전하기가 힘들었다. 기원전 6세기 유대인들이 바빌로니아에 포로로 끌려왔을 때 선지자 에스라는 더 늦기 전에 구전율법들을 모아 책으로 편찬하기로 했다. 그 후 작업은 후대에 이르기까지 계속 이어져 방대한 저작을 낳게 된다.

서기 210년경 랍비 유다 하나지는 사람들을 모아 그간 선배 랍비들이 모아 오던 구전율법의 본격적인 편찬에 착수해 6부(농업, 종교 절기, 결혼, 민법과 형법, 제물, 제식) 63편 520장으로 완성했다. 이로써 탄생한 것이 『탈무드』의 전신 『미시나』이다. 그런데 『미시나』는 원론적 내용만 담고 있어 일상생활에 적용하는 데는 어려움이 있었다. 그래서 랍비들은 그 뒤 300여 년 동안 미시나에 대한 보충 설명과 해석을 더 했다. 이 해석들을 모은 것이 『게마라』다.

이렇게 『미시나』와 그 주해 『게마라』를 한데 모은 것이 『탈무드』다. 『탈무드』는 한 권의 책이 아니라 63권의 방대한 책이다. 그 무게가 75킬로그램이나 되는 엄청난 분량이다. 『탈무드』는 책이라기보다는 위대한 '학문'이다.

공동체 의식으로
글로벌 파워를 얻다

유대인들에게 가장 충격적인 사건은 바로 기원전 6세기 바빌로니아 침공에 따른 예루살렘 성전의 파괴였다. 이 사건으로 유대인들은 영적 딜레마에 빠졌다. '예루살렘 성전은 하느님의 집인데 어떻게 이방인들에 의해 파괴될 수 있을까. 그렇다면 우리가 믿는 하느님은 전지전능한 분이 아니란 말인가?'라는 의문이 들었다. 유대인의 종교의식은 신성한 '성전'에서 제물을 바치며 예배를 드리게 돼 있다.

예루살렘 성전의 파괴는 그들의 종교를 잃어버린 것과 마찬가지였다. 이때 바빌론에서 선지자 예레미야Jeremias와 에스겔Ezekiel은 "성전에 재물을 바치는 것보다 믿음을 갖고 율법을 지키는 일이 여호와를 더 즐겁게 하는 길"이라고 역설했다. "하나라도 더 배움으로써 신의 섭리를 하나라도 더 이해해야 신에게 한 발짝 가깝게 다가갈 수 있다."라고 가르쳤다.

이렇게 해서 유대교 사상 혁명적 제도인 시너고그synagogue가 탄생한다. 사제 없는 회당 시너고그에서 학자인 랍비를 중심으로 신자끼리 모여 율법 낭독과 기도를 중심으로 하는 새로운 예배 의식이 시작됐다. 그래서 시너고그의 주 용도도 『토라』와 『탈무드』를 공부하는 공간의 기능이 우선시된다. 이때부터 유대교에서는 『성서』와 『탈무드』 곧 유대교 경전을 배우고 연구하는 것이 하느님을 믿는 신앙과 동일시된다. 이것은 유대교에서 발견되는 중요한 특징이다. 『탈무드』도 '하느님은 1,000가지 재물보다도 1시간의 배움을 기뻐하신다.'라고 가르치고 있다.

토론 교육으로 창의력을 극대화하다

유대교에서는 신께 기도드리는 것만큼 공부가 중요하다고 가르친다. 인간은 세상을 유지하는 하느님의 협력자로서 하느님 사업에 동참하기 위해서는 먼저 하느님의 섭리를 이해해야 한다는 것이다. 그래서 유대교에서 '배운다는 것은 기도를 올리는 것과 같은 일'이다.

히브리어로 '기도하다'라는 말은 '히트 파레루'다. '스스로 가치를 잰다'는 뜻이다. 하느님께 맹종하는 게 옳은 것이 아니라 신께서 하시는 위대한 일을 먼저 이해하는 것이 인간의 의무이며 그러고 난 후에 신의 의지에 합당하게 살도록 노력해야 하는 것이다. 이렇듯 '배운다는 것은 곧 신의 뜻을 살피며 신을 찬미하는 일'이다. 유대인에게 배움은 그 자체가 신앙이다. 그들이 평생 공부하는 이유다.

유대교는 배움을 으뜸 가치로 여기고 있다. 이는 자연스럽게 독서로 연결된다. 예로부터 유대인은 책의 민족이라 일컬어졌다. 세계에서 가장 독서를 많이 하는 유대인의 전통은 어제오늘 만들어진 것이 아니다. 기원전 6세기에 쓰이기 시작한 『탈무드』에는 독서에 관한 수많은 경구가 수록돼 있다. '돈을 빌려주는 건 거절해도 좋으나 책 빌려주는 건 거절해선 안 된다.'라는 구절이 있다. 이것은 유대인이 고대로부터 얼마나 독서를 중요시했는지 단적으로 보여주는 말이다. 유대인들에게 독서는 일종의 신앙생활이다.

18세기 유럽의 유대인 촌락에서는 책을 빌려달라는 것을 거부한 사람에게는 벌금을 물렸다는 기록도 있다. 그만큼 유대인은 책을 많이 읽기 때문에 자연히 유대인 가운데 학자와 교사가 많이 나왔다.

독서와 질문과 토론이 기본이다

현대에도 독서 중시의 유대인 전통은 변함이 없다. 더구나 안식일에는 어떤 일도 하지 못하게 돼 있어 독서와 대화하는 것 외에는 할 일이 없다. 유대인 거실에는 독서와 대화를 위해 대부분 TV가 없고 책장과 원탁 테이블이 놓여 있다. 유대인 부모는 안식일뿐만 아니라 평소에도 책 읽는 모습을 자녀들에게 보여줌으로써 자녀들을 자연스레 독서로 이끈다. 유대인 자녀들이 독서에 강한 모습은 단적으로 미국 대학 입학시험인 SAT에서 드러난다. 이 시험은 영어, 수학 두 과목으로 구성돼 있다. 일반적으로 유대인 학생은 영어시험에서 다른 백인 학생보다 평균 20퍼센트 정도 높은 점수를 받는다. 어려서부터 습관으로 굳어진 독서량의 결과다.

유대인들은 '생각이 바로 경쟁력'이란 사고를 지니고 있다. 사고의 범위를 넓혀야 성공한다는 것이다. 창의성은 특별한 사람의 유전자에 각인된 초자연적인 힘이 아니다. 누구나 배우고 개선할 수 있는 능력이다. 독서는 이런 창의력과 상상력의 원천이다. 특히 독서 후 질문과 토론은 이를 극대화하는 좋은 방법이다. 토론식 교육은 머리를 분석적이며 통합적으로 개발한다. 어디 그뿐인가. 토론하는 동안 본인이 평상시에는 생각하지 못했던 아이디어들이 떠오른다. 창의력 개발이다. 토론하는 두 사람의 창의력이 부딪치면서 파생되는 시너지 효과는 대단하다. 유대인의 창의력이 강한 이유이자 유대인의 교육 자체가 대부분 질문과 토론으로 진행되는 이유다.

공동체 의식이 글로벌 네트워크 파워를 만들다

유대인 기업가들은 공동체 의식이 강하다. 그들이 강한 이유다. 유대인 기업가를 상대할 때는 그를 한 사람의 개인으로 보지 말고 유대인 기업가 그룹을 상대하는 것으로 인식해야 한다. 기업가가 아니더라도 유대인은 동족 간 협동심이 강하다. 그 이유가 무엇일까.

유대인들이 2,000년 가까운 세월 동안 세계 곳곳에 흩어져 디아스포라를 꾸미고 살아가면서도 민족적 동질성을 유지할 수 있었던 것은 순전히 종교의 힘이었다. 이에 기반한 그들의 디아스포라 수칙은 '모두가 한 형제'란 의식에 근거를 두고 있다. 한마디로 종교 공동체이자 대가족 공동체였다. 그러다 보니 공동체 안의 약자를 돌보는 게 의무이자 정의였다. 그래서 그들은 디아스포라 공동체를 운영하면서 각자 능력껏 벌어 필요에 따라 나눠 쓰는 방식을 택했다. 버는 건 자본주의의 능력과 효율을 중시했고 분배는 공산주의 방식을 택했다. 지금도 이스라엘의 집단농장인 키부츠는 이런 삶의 방식을 고수하고 있다.

유대인들의 나눔 정신은 물질에만 국한하지 않는다. 그보다 더 강력한 지혜와 정보를 나눈다. 부자가 자신의 재물을 사회에 기부해야 하는 것처럼 지혜로운 자는 자신의 지혜를 공동체 사회에 기여해야 한다. 그러므로 동족이 자신의 도움을 필요로 할 때 봉사하지 않는 것은 죄다. 동족을 위해 하는 기도는 의무다. 자신의 동료를 위해 하느님의 자비를 구할 수 있는 자가 그와 같이 구하지 않으면 죄를 짓는 것이다. 이런 공동체 의식은 현대에도 변함없이 그들의 생각과 행동을 지배하고 있다.

유대인들은 공동체뿐만 아니라 민족 자체를 하나의 대가족으로 생각한다. 유대교 회당인 시너고그에 모르는 유대인이 찾아오면 적어도 원로 가운데 한 사람은 자기 집 식사에 초대해야 한다. 그가 필요한 정보와 도움을 줘야 하는 게 오랜 관습이기 때문이다. 이때 그 지방의 사업을 잘 아는 사람들도 함께 초대한다. 그러면 어디서 왔더라도 어색하거나 불편해하지 않고 자연스럽게 가족이 된다. 그래서 유대인들은 출장을 가면 꼭 그 지역 시너고그부터 찾는다.

주말에 정보를 취합하고 하루 먼저 시작한다

유대인에게는 독특하고도 유용한 관습이 있다. 안식일에는 절대 일을 하지 않지만 안식일이 끝나면 무섭게 일을 시작한다. 유대인 의 안식일은 금요일 일몰부터 시작하기 때문에 기독교의 주일보 다 하루 이상 빠르다. 그들은 안식일이 끝나는 토요일 일몰 시부터 일을 시작해 토요일 저녁에 그 주간의 일을 정리한다. 이를 토대로 일요일에 본격적으로 업무를 개시한다. 그리고 이날 각국에 흩어 져 있는 유대인 커뮤니티인 디아스포라 간에 중요한 정보를 교환 한다.

일요일 오후에는 그 분야의 전문가를 중심으로 디아스포라들로 부터 모인 정보를 분석하고 그 주간의 중요한 행동 지침을 정한다. 그리고 이를 정리해 일요일 저녁쯤에는 디아스포라 간에 서로 정 해진 행동 지침이나 정보를 교환한다. 월요일 아침에야 일을 시작 하며 정보를 수집하는 일반 민족에 비해 매주 하루 이상을 일찍 시 작하는 셈이다. 구조적으로 유대인이 일반 비즈니스맨보다 정보전 에서 앞서 나갈 수밖에 없고. 특히 정보가 생명줄인 금융 부문에서 강한 이유다. 이런 관습은 현재 더욱 빛을 발하고 있다. 정보가 그 어느 시대보다 중요해졌기 때문이다.

지혜와 끈기로 척박한 환경을 이겨내다

이스라엘이 건국되기 30년 전부터 유대인들은 슬금슬금 가나안(팔레스타인)으로 모여들었다. 영국이 제1차 세계대전이 끝나면 유대인의 '민족적 고향'인 나라를 가나안에 세우도록 지원하겠다는 '밸푸어선언'을 1917년에 했기 때문이다. 이때 유대인들은 가장 먼저 그 땅에 대학교부터 세웠다. 물리학자 아인슈타인과 러시아 태생 생화학자이자 훗날 이스라엘 초대 대통령이 되는 하임 바이츠만Chaim Weizmann은 세계를 돌며 자금을 모아 테크니온 공대와 히브리 대학교를 만들었고 각각 1924년과 1925년에 문을 열었다. 교육이 앞으로 탄생할 이스라엘의 장래를 책임질 것이라고 보았기 때문이다.

그 무렵 주로 러시아와 동구에서 박해를 피해 가나안으로 모여든 유대인들은 살길이 막연했다. 이때 그들을 보살핀 사람이 프랑스의 에드몽 로스차일드였다. 그는 유대 이주민들에게 농사지을

아인슈타인과 바이츠만

이스라엘 남부 네게브 사막

1946년 이스라엘 남부 네게브 사막. 홍해와 통하는 아카바만 인근 키부츠에서 감자를 심고 있는 초기 유대인 정착민들(위 사진). 네게브 사막은 이스라엘 땅의 절반 이상을 차지하지만, 여름이면 기온이 섭씨 40도 이상으로 오른다. 이스라엘은 1960년대 초 이 사막에서 대규모 관개 사업을 시작했고, 국토 최남단 도시 에일라트에 첫 해수 담수화 플랜트를 건설했다. 현재 네게브 사막은 많은 지역이 포도, 석류, 무화과, 오렌지 등 유실수를 심고 가꾸고 수출도 하는 농토로 개발됐다(아래 사진). (출처: 위키피디아·게티이미지뱅크)

땅을 사주고 정착 비용을 지원했다.

하지만 유대인들은 또 다른 문제에 봉착했다. 척박한 사막성 광야라 물이 턱없이 부족했다. 이스라엘 연평균 강수량은 한국의 3분의 1에 불과해 농사는커녕 생활용수도 모자랐다. 초기 정착민들은 물을 구하려 겨울 우기에 내린 빗물이 고여 있는 저지대에 모여 살았다. 하지만 습지 모기들이 말라리아를 옮겨 많은 사람이 죽었다. 그러자 1920년대에 유대인들은 모기를 피해 구릉 지대 꼭대기로 촌락을 옮겼다. 지금도 이스라엘에 가면 사람들이 높은 곳에 집을 짓고 사는 모습을 볼 수 있다.

그러나 산꼭대기에 물이 있을 리 없었다. 지하수조차 얻기 어려운 사막 국가인 이스라엘의 유일한 수자원은 갈릴리 호수인데 이마저 해수면보다도 220미터 낮은 땅에 위치해 있어 농업용수나 식수로 쓰기 어려웠다. 유대인들은 갈릴리 호숫물을 멀리 산꼭대기까지 파이프로 연결해 모터로 끌어올려 식수로 썼다. 하지만 이 귀한 물을 사람만 먹고살 수도 없었다. 물을 최대한 아껴 농사도 지어야 했다.

물 재이용률 세계 1위 국가다

유대인들은 효율적으로 농작물에 물을 줄 방법을 연구했다. 그 결과 스프링클러로 작물 위에서 물을 뿌리는 대신 파이프와 고무호스를 이용해 뿌리 근처에 정확하게 필요한 만큼만 물방울을 떨어뜨리는 컴퓨터 제어 기술을 개발했다. 이 점적 관개Drip Irrigation 기

담수화 플랜트 모습

1964년 이스라엘 에일라트의 홍해 아카바만 해안에 건설 중인 해수 담수화 플랜트 모습.
(출처: 위키피디아)

술은 물을 일반 관개 농법의 40퍼센트만 쓰고 생산량은 50퍼센트 증가시켰다.

그럼에도 갈릴리 호수의 물만으로는 턱없이 부족했다. 유대인들은 이미 사용한 물을 다시 쓰는 재처리 기술을 개발했다. 지금은 오·폐수의 92퍼센트를 재처리해 농업용수로 쓴다. 이스라엘은 세계에서 물을 가장 알뜰하게 쓰는 나라로 물 재이용률이 세계 1위다. 이스라엘은 동북부 갈릴리 호수에서 시작해 남부 네게브 사막까지 전국의 물 저장 시설을 1964년에 완공된 국가 수로와 연계해 나라에서 통합 관리하고 있다. 그래도 물이 모자랐다. 이스라엘 정부는 바닷물을 민물로 만드는 해수 담수화 기술 개발을 국가 정책목표로 삼아 연구에 총력을 기울였다. 1965년 국토 최남단 에일라트Eilat에 첫 해수 담수화 플랜트를 건설했다.

해수 담수화 플랜트 건설은 국운을 건 프로젝트였다. 앞에서 살펴봤듯이 이스라엘 국토의 대부분은 사막으로 항상 물 부족에 허덕였다. 주변 나라와도 늘 물로 인한 분쟁이 생겼다. 그래서 이스라엘 정부는 일찍이 1960년대 수자원 개발을 국가적 목표로 정하고 국내총생산GDP의 5퍼센트를 물 연구개발에 투자했다. 그렇게 개발한 것이 특수한 막으로 염분을 걸러내는 역삼투압 방식 해수 담수화 기술이다. 이 기술은 비용이 많이 든다는 약점이 있었다. 그런데 이스라엘은 태양열 발전과 접목해 세계 최저 수준인 톤당 52센트 정도의 전기료만 투자하면 바닷물을 담수로 바꿀 수 있는 획기적인 첨단 기술을 선보였다.

그 결과 이스라엘은 세계 최대 규모의 담수화 플랜트로 물을 자급자족하는 나라가 되었다. 그뿐만 아니라 최첨단 해수 담수화 기술을 더욱 발전시키고 응용해 폐수 처리와 신재생에너지 분야에서도 세계 최고의 기술을 보유하게 되었다. 유엔은 2025년이 되면 세계 인구의 20퍼센트인 27억 명가량이 심각한 물 부족 상황에 직면할 것으로 내다보고 있다. 21세기 물 산업은 20세기 석유 산업 규모를 넘어설 것이라는 전망도 나온다.

갈릴리 호수에서 퍼 올린 물과 담수화 과정에서 끌어올린 바닷물은 사막 어느 암반층에 함께 저장했다. 하지만 얼마 지나지 않아 비상이 걸렸다. 식수로 쓸 물에 녹조가 낀 것이다. 그들은 궁리 끝에 녹조를 먹고 자랄 수 있는 먹성 좋은 물고기를 투입하는 아이디어를 냈다. 그러나 세상에 섭씨 38도의 사막 온수인데다가 민물과 바닷물의 중간 염도에서 살 수 있는 물고기는 존재하지 않았다.

중간 염도에서 사는 새로운 잉어를 만들다

유대인들은 없으면 만들기로 했다. 그들은 독일인들이 오랫동안 개량한 '독일 가죽잉어'에 주목했다. 비교적 높은 수온에서 견디고, 얕은 바닷물에서도 살 수 있고, 환경 적응력이 뛰어나면서도 녹조 등 식물성 퇴적물을 좋아하는 물고기였다. 유대인들은 여기서 그치지 않고 독일 가죽잉어와 먹성 좋고 덩치 큰 이스라엘 토착 잉어를 교배해 생명력 강한 새로운 품종을 개량해냈다. 녹조 문제를 해결한 이 잉어는 이스라엘에서 개량되었기 때문에 '이스라엘 잉어'라 불렸다.

원래 중세 유럽 수도원에서는 단백질 공급용으로 잉어를 양식하기도 했다. 그중에서도 독일 수도사들이 비늘을 쉽게 제거하려는 목적으로 비늘 없는 잉어만을 골라 오랜 세월에 걸쳐 품종 개량한 것이 독일 가죽 잉어였다. 하지만 유대인들은 식용으로 가죽 잉어를 다시 비늘이 있는 품종으로 개량했다. 유대인 율법의 정결법인 '코셔Kosher'에 따라 비늘 없는 생선은 먹어선 안 됐기 때문이다. 그래서 독일 가죽 잉어와 달리 이스라엘 잉어는 비늘이 있다. 이렇게 품종 개량된 이스라엘 잉어는 살이 많은데다가 배설물로 비료도 만들 수 있었다. 이스라엘 잉어의 개발 과정은 문제가 생길 때마다 언제나 새로운 생각과 방법으로 해결해가는 유대인 특유의 문제 해결법을 보여준다.

마침내 1948년에 유대인들은 2,000여 년에 걸친 방랑, 차별, 추방, 박해, 학살을 이겨내고 지금의 이스라엘을 건국해 정착했다. 그러나 하느님이 그들에게 약속했던 '젖과 꿀이 흐르는 땅'은 실제로는 너무나 척박했다. 게다가 주변 중동 국가와 달리 석유 한 방울 나지 않았다. 하지만 유대인들은 끈기와 열정으로 척박한 현실을 약속의 땅으로 만들어나갔다. 어쩌면 신이 유대인에게 준 진정한 선물은 '약속의 땅'이 아니라 약속의 땅을 일굴 수 있는 '끈기와 열정'일지 모른다.

한국의 향어가 이스라엘 잉어다

먹을거리가 부족했던 시절인 1973년 우리나라는 성장 속도가 잉어보다 2배 이상 빠른 이스라엘 잉어 치어 1,000마리를 들여왔다. 그 뒤 양식에 성공해 1978년부터 전국 호수에서 대대적인 가두리 양식이 시작됐다. 우리 양식업자들은 독특한 향이 나는 물고기 맛을 선전하고자 이를 '향어'라 불렀다. 향어는 1990년대 후반까지 공급이 많아 유료 낚시터에서 인기를 끌었다. 그러나 1997년부터 수질 보호를 위해 호수의 가두리 양식장이 사라지면서 향어 양식은 쇠퇴하기 시작했다.

향어는 그 후 초기 투자비가 적게 드는 논에서 키우는 양식 방법이 개발되며 다시 주목받기 시작했다. 게다가 2018년 우리 국립수산과학원은 유대인들보다 한술 더 떠 일반 향어보다 성장 속도

향어

1980년대 말 청주댐 양식장의 향어 모습. 우리나라는 1973년 이스라엘 잉어 치어 1,000마리를 들여와 1990년대까지 전국 호수에서 양식했다. (출처: 국립수산과학원)

가 40퍼센트나 빠른 '육종향어'를 개발했다. 18개월 만에 평균 3.4 킬로그램까지 성장하는 이 자이언트 향어는 비린내가 없으며 육질이 쫄깃하고 식감이 좋아 횟감으로 인기가 높다. 게다가 값도 착해 1킬로그램에 8,000원 정도다. 매운탕도 잔가시가 없고 살이 많아 국물 맛이 달콤하고 진하다. 유대인이 식용으로 개량한 '가죽 잉어'가 머나먼 우리나라로 넘어와 '향어'란 이름으로 우리를 살찌우니 참으로 독특한 인연이다.

티쿤 올람 사상으로 더 나은 세상을 만들다

"사람은 왜 사는가?"

유대인 아이들이 열세 살(여자는 열두 살)에 치르는 성인식 때 랍비가 하는 질문이다. 그러면 대부분 "티쿤 올람"이라고 대답한다. 유대교 신앙에 의하면, 인간은 하느님의 파트너로 지금도 계속되는 하느님의 창조 행위를 도와 이 세상을 좀 더 좋은 곳으로 만들어야 하는 책임과 의무가 있다는 것이다. 유대인들은 그 선두에 자기들이 있다고 생각한다. 그 정도로 '티쿤 올람' 사상은 평생에 걸쳐 유대인의 사고방식을 지배한다.

그래서 유대인들은 이 세상을 하느님의 뜻에 맞게 이상세계理想世界로 건설하는 데 필요한 자기의 몫을 찾아내 그 책임을 다하려 한다. 그들은 그것이 바로 신의 뜻이자 인간의 의무라고 믿는다. 이를 위해 유대인들은 평생 끊임없이 공부한다. 이렇듯 유대인에게 삶이란 신의 뜻에 대한 헌신이자 신에 대한 충성이다.

인간이 하느님 사업에 동참하기 위해서는 먼저 하느님의 섭리를 이해해야 한다. 그래서 유대인은 하느님의 섭리를 배우는 것을 의무로 여긴다. 유대교의 오랜 전통에 의하면 하느님을 공경한다는 것은 배운다는 것과 같은 뜻이다. 곧 배운다는 것은 기도를 올리는 것과 동일한 일이다. 유대인에게 배움은 곧 신의 뜻을 살피며 신을 찬미하는 일이다. 배움이 곧 신앙 자체인 셈이다. 그래서 시너고그의 주된 역할도 배움의 장소를 제공함에 있다. 유대인이 배움의 민족이라 일컬어지는 것도 바로 이 때문이다. 곧 유대인에게 배움은 인생에서 가장 중요한 가치이자 하느님께 다가가는 신앙생활이다.

배움은 인생에서 가장 중요한 가치이다

유대인들은 자녀가 어릴 때부터 배움의 중요성과 티쿤 올람 사상을 가르친다. 그래서 유대인들에게는 자신이 태어났을 때보다 더 나은 세상을 만드는 일이 세상에 태어난 이유이자 과제가 되는 것이다. 이 사상이 바로 현대판 메시아 사상이다. 메시아란 어느 날 세상을 구하기 위해 홀연히 나타나는 게 아니라 그들 스스로가 협력하여 미완성 상태인 세상을 완성시키는 집단 메시아가 되어야 한다고 생각한다.

유대인들이 창조성이 강하다는 평가를 받는 이유 가운데 하나가 바로 이러한 티쿤 올람 사상과 집단 메시아 사상이 의식 깊은 곳에 자리잡고 있기 때문이다. 유대인 기업가들이 이 세상을 좀 더 나은 이상세계로 만들기 위한 비전에 강한 이유 역시 티쿤 올람 사상과 집단 메시아 사상 때문이다(집단 메시아 사상은 개혁파 유대인들 사상이고 정통파 유대인들은 지금도 인류를 구원할 메시아가 어느 날 홀연히 올 것으로 믿고 있다).

당장 돈이 되지 않아도 투자한다

팬데믹 사태 이후 '사회적 거리 두기'가 강화되었다. 재택근무와 온라인 강의가 활성화되어 세계적으로 비대면 정보통신기술ICT이 더욱 중요해졌다. 이제 인터넷 접근성의 유무는 사회 전체의 존망을 가르는 요소가 되었다.

구글의 비전은 세계 전체를 하나의 정보 공유 동아리로 묶는 것이다. 정보의 공개와 공유가 자유의 쟁취와 시민정신을 함양할 뿐만 아니라 경제 활성화와도 직결되어 있다고 믿기 때문이다. 그래서 구글은 그동안 인터넷망이 없는 곳에 인터넷 사용을 지원하는 다양한 방안을 고민해왔다. 이를 위해 자체적으로 100여 개의 소형 인공위성들을 발사했을 뿐만 아니라 아프리카에서 테니스 코트 면적의 열기구에 통신 중계기를 설치하여 성층권에 쏘아 올리는 룬 프로젝트도 시행했다.

그리고 2015년 일론 머스크Elon Musk의 인공위성 스타링크 프로젝트를 추진하는 스페이스X에 10억 달러를 투자한 것도 인공위성 기반 인터넷 서비스를 통해 세계 전역에 인터넷 서비스를 제공하고자 하는 프로젝트의 하나였다. 스타링크 프로젝트는 2020년대 중반까지 저궤도 소형 위성 1만 2,000개, 장기적으로는 4만여 개를 쏘아

위성 네트워크

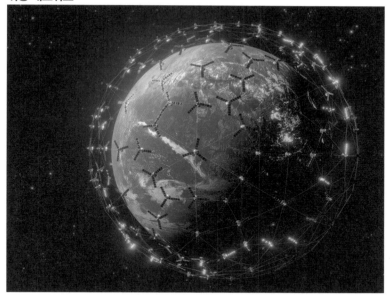

구글은 지구 전역에 초고속 인터넷망을 추진하고 있다. 유대교 신앙에 의하면, 인간은 지금도 계속되는 하느님의 창조 행위를 도와 이 세상을 좀 더 좋은 곳으로 만들어야 하는 책임과 의무가 있다. 이를 '티쿤 올람'이라고 하며 세상을 개선한다는 뜻을 담고 있다. 이에 따라 유대인들은 이 세상을 하느님의 뜻에 맞게 이상세계로 건설하는 데 필요한 자기의 몫을 다하려 노력한다. 예컨대 구글은 온 세계를 하나의 정보 공유 동아리로 묶는다는 비전을 세우고 저궤도 소형 위성을 쏘아 올려 지구 전역에 초고속 인터넷 서비스망을 구축하는 프로젝트를 진행하고 있다. 사진은 지구를 감싼 위성 네트워크를 구현한 이미지.

올려 지구 전역에 초고속 인터넷 서비스망을 구축하는 사업이다. 인터넷 인프라가 받쳐주지 않아 속수무책이던 저개발 국가에 반가운 소식이 아닐 수 없다. 사실 이 계획들은 단순히 인터넷을 보급할 뿐만 아니라 우주 IT 시장을 내다보는 원대한 도전이기도 하다.

메타(페이스북)의 비전도 인류를 하나의 정보 교류 동아리로 묶는 것이다. 그러기 위해 메타 역시 인터넷 보급을 위한 노력을 펼쳐왔다. 2020년 5월 메타는 '투 아프리카2Africa' 프로젝트를 발표했다.

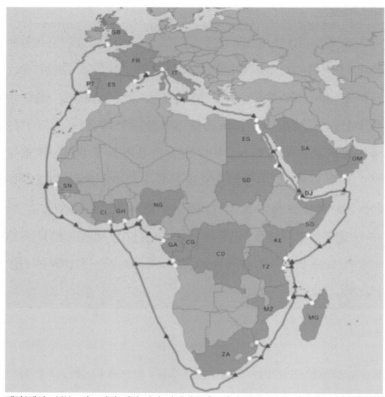

메타(페이스북)는 아프리카 해안 따라 인터넷 구축. 해저 광케이블을 설치해 아프리카 대륙 전체의 인터넷 접속 환경을 개선하는 '투 아프리카' 프로젝트. (출처: 2Africacable)

무려 3만 7,000킬로미터에 달하는 해저 광케이블을 설치해 아프리카 대륙 전체의 인터넷 접속 환경을 개선시키겠다는 것이다. 아프리카의 인터넷 환경을 개선하기 위한 메타의 시도는 이것이 처음이 아니다. 기존에도 태양광 전열판을 날개에 설치한 거대한 드론을 사용해 인터넷을 제공하려는 아퀼라 프로젝트를 추진했지만 성공하지 못했다. 그럼에도 포기하지 않고 새롭게 해저 광케이블 설치 계획을 발표한 것이다. 아프리카가 돈이 되는 시장은 아니다. 그렇다면 그들은 왜 이런 생각을 했을까? 그들에게는 모두 티쿤 올람이라는 '더 나은 세상을 만든다'는 사상이 있었기 때문이다.

　전 세계에 인터넷을 보급하겠다는 구글의 공동 창업자 래리 페이지Larry Page와 세르게이 브린Sergey Brin이 유대인이다. 스탠퍼드 대학원에서 만난 그들은 1998년 함께 구글을 창업했다. 해저터널을 뚫어 아프리카에 인터넷을 보급하겠다는 메타(페이스북)의 창업자 마크 저커버그Mark Zuckerberg도 유대인이다. 그는 기업만이 목적을 가지는 것에 멈추지 않고 인류 개개인 모두가 삶의 목적의식을 가져야 한다고 강조했다. 그는 2017년 하버드 대학교 졸업 연설에서 "모든 사람이 목적을 가지게 만드는 것이 우리 사회의 과제"라고 했다. 그가 말하는 목적이란 '우리가 위대한 가치의 한 부분이며 필요한 존재이며 더 나은 일을 할 수 있다고 생각하는 것'이다.

티쿤 올람은 홍익인간과 비슷하다

유대인의 티쿤 올람과 비슷한 사상이 우리 한민족에게도 있다. 바로 단군왕검의 건국이념 '홍익인간弘益人間' 사상으로 '인간 세상을 널리 이롭게 한다'는 뜻이다. 이는 우리 민족만 이롭게 하자는 이념이 아니다. 우리가 주도하여 인간 세상을 널리 이롭게 하자는 것이다. 이러한 정신은 그 뒤 자손 대대로 한민족을 규율하는 생활 철학이 됐다. 고조선이 주변 유목 민족들을 아우르며 2,000년 이상의 강대국을 이룬 힘의 원천이었다. 그 뒤 부여, 고구려, 백제, 신라를 거쳐 현대에 이르기까지 우리 민족을 이끄는 근본 사상이 됐다.

홍익弘益이란 천지의 웅대한 뜻과 이상을 삶과 역사 속에 구현하는 것을 말한다. 그러므로 홍익인간이란 하늘이 원하는 '이상세계'를 건설하는 데 일조하는 사람을 말한다. 이를 뒷받침하는 게 '재세이화在世理化'이다. 『삼국유사』에는 홍익인간과 함께 재세이화의 통치 이념이 등장한다. '재세이화'란 '세상을 하늘의 이치로 교화한다.'라는 뜻이다. 여기서 이치는 하늘의 섭리를 말한다. 그러므로 재세이화는 하늘의 섭리에 부합되는 세상을 말한다. 곧 하늘의 뜻이 세상에서 이루어지도록 앞장서는 사람이 홍익인간이다.

세상에서 자신들의 뿌리를 찾아 민족의 기원력을 쓰는 민족은 한민족과 유대민족뿐이다. 이 책을 쓰는 2022년은 단기檀紀 4355년이다. 단기는 단군이 고조선을 건국했다고 알려진 기원전 2333년을 단기 1년으로 헤아리는 연호다. 한편 유대력으로 2022년은 5782년이다. 유대인의 새해인 나팔절(2022년 9월 26일) 때 다시 변경되어 5783년이 된다. 유대인들은 하느님이 기원전 3761년에 세상과 아담을 창조하셨다고 믿어 이를 시발始發로 유대력을 헤아린다.

티쿤 올람 사상이란 무엇인가

『구약』을 경전으로 받아들이는 종교가 3개 있다. 바로 유대교, 기독교, 이슬람교이다. 이 세 종교를 믿는 사람들은 '세상은 하느님이 창조했으며 자신들의 종교적 뿌리는 아브라함으로부터 비롯되었다.'라고 믿는다. 그러나 하느님이 창조한 세상을 바라보는 관점은 기독교와 유대교가 서로 다르다. 하느님이 세상을 완벽하게 창조했다고 보는 기독교와 달리 유대교는 신이 세상을 창조하였으나 아직 미완성의 상태로 하느님은 지금도 창조사업을 계속하고 계신다고 믿고 있다. 이를 '티쿤 올람'이라 한다. 티쿤은 '고친다.'라는 뜻이고 올람은 '세상'이라는 의미다. 그래서 '티쿤 올람'은 세상을 개선한다는 뜻이다.

19세기 찰스 다윈Charles Robert Darwin의 진화론이 나오면서 종교계는 충격에 휩싸였다. 기독교도들은 다윈이 하느님의 형상을 닮은 인간을 원숭이의 이미지로 격하시켰다고 비난했다. 하지만 유대교에서는 진화를 단계별로 이루어지는 또 하나의 창조로 해석한다. 그들은 하느님이 지금도 창조사업을 계속하고 있다고 믿기 때문이다. 이렇듯 티쿤 올람은 창조론과 진화론을 함께 아우르는 사상이다.

참고문헌

1. 『제국의 미래』, 에이미 추아 지음, 이순희 옮김, 비아북, 2008

2. 『세계 최강성공집단 유대인』, 맥스 I. 디몬트 지음, 이희영 옮김, 동서문화사, 2002

3. 『유대인』, 정성호 지음, 살림, 2003

4. '러시아의 유태인 학살에 분노, 일본을 밀었다', 강영수 전 코트라 관장, 월간조선 2004년 3월호

5. [남궁석의 신약연구사] 백신, 소아마비 퇴치까지, 바이오스펙테이터 등

홍익희 신 유대인 이야기

: 자본주의 설계자이자 기술 문명의 개발자들

초판 1쇄 발행 2022년 12월 30일
초판 3쇄 발행 2024년 12월 16일

지은이 홍익희
펴낸이 안현주

기획 류재운 **편집** 안선영 김재열 **브랜드마케팅** 이민규 **영업** 안현영
디자인 표지 최승협 본문 장덕종

펴낸 곳 클라우드나인   **출판등록** 2013년 12월 12일(제2013-101호)
주소 우) 03993 서울시 마포구 월드컵북로 4길 82(동교동) 신흥빌딩 3층
전화 02-332-8939   **팩스** 02-6008-8938
이메일 c9book@naver.com

값 20,000원
ISBN 979-11-91334-99-9 03320

* 잘못 만들어진 책은 구입하신 곳에서 교환해드립니다.
* 이 책의 전부 또는 일부 내용을 재사용하려면 사전에 저작권자와 클라우드나인의 동의를 받아야 합니다.

* 클라우드나인에서는 독자 여러분의 원고를 기다리고 있습니다.
  출간을 원하시는 분은 원고를 bookmuseum@naver.com으로 보내주세요.

* 클라우드나인은 구름 중 가장 높은 구름인 9번 구름을 뜻합니다. 새들이 깃털로 하늘을 나는 것처럼 인간은 깃펜으로 쓴 글자에 의해 천상에 오를 것입니다.